U0936138

2022年度省重点出版项目

走进大渡河系列丛书之一

图说大渡河

TUSHUO DADUHE

丹　巴　夏梦泱晴◎编著

四川民族出版社

图书在版编目（CIP）数据

图说大渡河 / 丹巴，夏梦泱晴编著. — 成都：四川民族出版社，2023.4

（走进大渡河系列丛书）

ISBN 978-7-5733-1160-3

Ⅰ. ①图… Ⅱ. ①丹… ②夏… Ⅲ. ①大渡河–图集 Ⅳ. ①K928.42-64

中国国家版本馆CIP数据核字(2023)第031641号

2022年度省重点出版项目

走进大渡河系列丛书 ①

图说大渡河

TUSHUO DADUHE

丹 巴 夏梦泱晴 编著

出 版 人 泽仁扎西
项目执行 俄 热
责任编辑 唐 齐
责任印制 泽仁康珠
出版发行 四川民族出版社
（成都市青羊区敬业路108号）
成品尺寸 170mm × 240mm
印 张 21.5
字 数 200千
制 作 成都华桐美术设计有限公司
印 刷 成都兴怡包装装潢有限公司
版 次 2023年4月第一版
印 次 2023年4月第一次印刷
书 号 ISBN 978-7-5733-1160-3
定 价 75.00元

目录

写在前面的话……1

大渡河流域概况……3

关于“建设红色大渡河文化旅游走廊”的建议……12

《四川省“十四五”文化和旅游发展规划》对大渡河流域的具体部署……28

大渡河流域基本信息图……29

大渡河简介……001

久治县……002

班玛县……010

壤塘县……023

阿坝县……040

马尔康市……055

金川县……077

丹巴县……114

小金县……159
康定市……179
泸定县……195
石棉县……220
汉源县……232
甘洛县……243
金口河区……261
峨边县……271
峨眉山市、沙湾区、沐川县、市中区……281

尾　声……306

写在前面的话

20世纪80年代末90年代初，我们姐弟出生在大渡河流域的一个小山村，少年时代在丹巴、康定、炉霍生活，每年春节都回乡下老家过年，与同龄伙伴畅游，与同乡老人共舞，享受“古碉、藏寨、美人”的恬静，领略“高山、大河、田园”的秀丽。

2019年11月，弟弟在《四川发展》上发表《大渡河流域旅游环线建设初步思考》后，专修过旅游管理的姐姐，灵感闪现，建议收集描绘大渡河奔腾的浩海文献并分类汇编。2020年，弟弟考入四川大学历史文化学院（旅游学院）攻读旅游管理博士研究生，专业的思考与个人情怀开始激烈碰撞，编写《走近大渡河》系列小丛书的思路，在你一言、我一语中渐渐清晰。弟弟说方向、搭框架，姐姐收资料、搞审核，一拍即合、一唱一和、一气呵成。

《走近大渡河》系列小丛书包括《图说大渡河》《红色大渡河》《文化大渡河》《美丽大渡河》《资源大渡河》。2021年，正值伟大、光荣、正确的中国共产党成立100周年，由于正在举办党史学习教育活动，我们乘势而上，率先编成《红色大渡河》，内容包括“惊天动地的红军长征”“战天斗地的川藏公路”“震天撼地的成昆铁路”“翻天覆地的脱贫攻坚”。

本套小丛书尽情展示了大渡河流域红色的故事、英雄的人民、悠久的历史、独特的人文、巍峨的雪山、青青的草地、奔腾的河流、蜿蜒的峡谷、矗立的古碉、多彩的民居、绝美的藏寨、俊秀的城镇、雄伟的桥梁、静静的水库……能让每一位读者在阅读后，对大渡河深情向往，不能忘怀。

在编写这套小丛书的过程中，得到了老师和长辈们的精心指导，老乡和同事们的倾情奉献，同学和朋友们的大力协助，我们也由此接受了一次鲜活的心灵洗礼！

大渡河，奔腾吧！

大渡河，自豪吧！

丹巴

夏梦泱晴

2021年10月

大渡河流域概况

大渡河，古称北江、涐水、沫水、大渡水、鱼通河、金川、铜河……位于四川省中西部，历史上被作为长江支流岷江的最大支流。但从河源学上应为岷江正源。

大渡河发源于巴颜喀拉山的果洛山（年保玉则），起于青海省果洛藏族自治州久治县，经班玛县，在壤塘县茸木达乡进入四川阿坝州境内，流经阿坝县、马尔康市、金川县，在丹巴县进入甘孜州，又经阿坝州小金县后，过康定市、泸定县，在石棉县进入雅安市，经汉源县，进入凉山州甘洛县，在金口河区进入乐山市，经峨边县、峨眉山市、沙湾区、沐川县，于市中区注入岷江，流域面积7.72万平方千米（不含青衣江），河长1074千米。多年平均流量1988米^3/秒，多年平均水资源量459.17亿立方米，多年平均径流深603.7毫米。四川省内面积6.79万平方千米，省境内河长871千米。

大渡河支流较多，四川省境内流域面积在1000平方千米以上的支流有22条，在10000平方千米以上的支流有2条。传统上认为，大渡河在大金川以上有三源：梭磨河、绰斯甲河（上源为青海的杜柯河、多柯河）、足木足河（上源青海的麻尔柯河，亦称玛柯河），足木足河为正源。

大渡河在泸定以上为上游，泸定至乐山市铜街子为中游，铜街子以下为下游。

久治县

大渡河正源足木足河，发源于青海省果洛州久治县哇尔依乡查七沟顶山岗以北6千米无名山（属巴颜喀拉山脉东段）南坡，源头地理坐标为东经100° 23′ 、北纬33° 39′ ，源头高程4708米。大渡河青海省境内干流称为麻尔柯河（玛柯河），东南流经久治县东塔，于白玉左纳俄柯后，东南至班玛县多贡玛。

班玛县

麻尔柯河（玛柯河）与流经达日县的满掌河相会后，转东南经班玛县城东，又南过亚尔堂、灯塔、下科培转东，右纳恩则柯（又称则柯），左纳哑巴沟、折尔朗沟，又向东为四川与青海的界河，转南进入四川省境为壤塘县与阿坝县的界河。

麻尔柯河（玛柯河）在青海省的里程约210千米，流域面积6341平方千米，落差780米，多年平均流量60.3米^3/秒。

主要支流县

达日县

满掌河。源出达日县北塔什温附近，流经达日县，在班玛县多贡玛乡与麻尔柯河汇合。全长约47千米，流域面积312平方千米。

壤塘县

在四川省境内，麻尔柯河（麻尔曲）右纳壤塘县的则曲河，继又东流右纳莫柯，入阿坝县境。

杜柯河（多柯河）。为绰斯甲河干流的上游河段，源于青海省达日县，经色达县东北、壤塘县城，与色曲汇合后称绰斯甲河，后于金川汇入足木足河，河段长119千米。

则曲河。源出壤塘县，河长101千米，流域面积1622平方千米，多年平均流量19.1米^3/秒。

阿坝县

麻尔柯河过亚尔勒果至伊俄，右纳格浪河，左纳莫朗河、果朗沟；再东过柯河乡，左纳阿嘎木朵河，右纳亚朗河；至达格娘，左纳尼柯河；过错昆后转南至夺沟，右纳目杰柯；又南至色尔吉，左纳阿柯河，以下即称足木足河。南行又转东南，为阿坝县与马尔康市的界河，左纳夺壤拉杂沟。

尼柯河。河长71千米，流域面积1194平方千米，多年平均流量13.9米^3/秒。

阿柯河。发源于青海省久治县多木措湖，东流转向西南流，经阿坝县城，在茸安乡职尕注入麻尔柯河。全长160千米，流域面积5788.52平方千米，多年平均流量60.6米^3/秒。

马尔康市

足木足河至射江转南入马尔康市境，至日部乡，右纳木郎沟；转东南过康山（达维），右纳木尔甲河、协果沟，左纳热水塘沟、科拉基沟，再右纳马尔达布沟、阿拉林沟；又过三大坪转东南行，左纳茶堡河；南过脚木足乡，此处有足木足水文站；过站南流，左纳梭磨河，右纳玛绰沟；转西南过白湾乡，于双江口右纳绰斯甲河，以下称大金川，为马尔康市与金川县之界河。

茶堡河。河长83千米，流域面积1234平方千米，多年平均流量14.4米^3/秒。

梭磨河。足木足河左岸一级支流，发源于红原县壤口乡境内的羊拱山西北麓，壤口以上称壤口尔曲，壤口以下称梭磨河。流经刷经寺、梭磨、马尔康、松岗、白湾乡、脚木足乡，于热足下游两千米处汇入足木足河。河流全长182千米，流域面积3027平方千米，多年平均流量50.3米^3/秒。

金川县

大金川右纳可尔因沟，转东南流，左纳米洞沟；南至党坝乡，右纳卡拉脚沟，左纳盘龙河；又南入金川县境，右纳撒瓦脚沟，其下咯尔乡处有大金水文站，控制流域面积40484平方千米，多年平均流量520米^3/秒，水位变幅6.4米。再南下至金川县城东，左纳西里寨沟；又西南行，右纳独松沟，曲折南行，右纳协斯曼沟；至安宁镇，右纳色斯满沟，左纳安宁沟、炭厂沟、曾达沟；转西南为金川、丹巴二县界河。

绰斯甲河。源于青海省达日县下红科乡旺阿村，上游称杜柯河（多柯河）。河流自色达县东北进入四川省境，向东南流经壤塘，在黑桥接纳自色达县流出的色曲后始称绰斯甲河；渐转东流，入金川县境，经二嘎里乡，于金川可尔因汇入足木足河。全长447千米，流域面积16015平方千米，是大渡河上游最大支流。主要支流有来自色达县的色曲和来自道孚县的俄日河。

俄日河（玉曲）。源于道孚县东折多山北端海子山，北流左纳曲龙沟，北过七美、玉科，沿程多有温泉出露；右纳七格柯，左纳穷柯（其右支为查隆柯）；北过银恩乡，左纳嘎柯；以下转向东流，入金川县境。东至二楷，右纳莫孜沟、大莫孜沟；转东北行，左纳麦斯科沟、郎通沟；至俄热，右纳二安沟；又至科山，转北左纳颇拉喀沟，自东北方向进入二嘎里乡，汇入绰斯甲河。河长128千米，流域面积1910平方千米，多年平均流量31米^3/秒。

主要支流县

色达县

色曲。源头在境内海拔4860米的恰依岗娘。色吾沟、拖汝沟与拥拉沟在竹日康夺汇合后始称色曲。色曲由西北向东流经色达县城、色塘、色尔坝，在壤塘县境注入杜柯河。境内全长184千米，流域面积3234平方千米，落差1000米。

炉霍县

宗科河（宗柯）。源出炉霍县宗麦乡，流入阿坝州壤塘县，经宗科乡，汇入绰斯甲河。全长64千米，流域面积985平方千米。

道孚县

俄日河。俄日河在道孚境内被称作玉曲，主要流经道孚县七美乡、玉科镇、银恩乡等乡镇。

沙冲沟。发源于道孚县沙冲乡策曼都，于龙金洪出道孚进入丹巴县境内，经东谷乡汇入东谷河。沙冲沟全长45千米，流域面积800平方千米，多年平均流量16.8米^3/秒。

丹巴县

大金川左纳沈足沟，过耿扎，入丹巴县境，右纳甲斯沟；南过巴底镇，左纳麦尔沟，右纳二甲沟、水卡子沟，又左纳燕尔岩沟；南过巴旺乡，右纳革什扎河；在丹巴县城北又右纳东谷河，城东又左纳小金川，始称大渡河。此处有丹巴水文站，控制流域面积52738平方千米，多年平均流量743米^3/秒，水位变幅10.6米。南过格京镇，右纳绒坝沟；到鸭包，左纳汗牛河，为丹巴县与小金县界河。

革什扎河。主源发源于金川县毛日乡热它村西龙措海子，自北向南经藏木道纳入沙玛耳沟后称格希沟，继续向南流至丹东镇与右岸雀儿沟汇合后称边耳沟，后流经热洛、温平等地，右纳党岭河后始称革什扎河；革什扎河折向东南，过边耳、火地，左纳磨子沟，后经二瓦槽、大桑、布科等地，于巴旺乡汇入大金川。干流全长99千米，流域面积2520平方千米。

东谷河。发源于道孚县境内大雪山以及康定市与丹巴县交界的雅拉雪山，河流分为两源，南源称牦牛河，西源为沙冲沟，至陡水岩处两河汇合后即称为东谷河。河流自西南往东北方向经东谷镇、章谷镇后于丹巴县城西端注入大金川。东谷河全长87千米，流域面积1837平方千米，多年平均流量38.8米^3/秒。

小金县

大渡河纳汗牛河后向南，过琪日、开绕，左纳门子沟，进入康定市。

小金川。发源于梦笔山南麓的抚边河与源于四姑娘山的沃日河在小金县老营镇汇合后称小金川，向西流经宅垄镇，进入丹巴县，向西流经半扇门、墨尔多山，在丹巴县城与大金川汇合。干流长151千米，自然落差2340米，流域面积5254.8平方千米，多年平均流量104米^3/秒，平均年径流量29亿立方米。

汗牛河。位于小金县西南部，全长39.87千米，流域面积623.6平方千米，天然落差2660米。

康定市

大渡河左纳门子沟进入康定市境内，右纳溪河沟；南至孔玉，右纳二里沟、巴郎河，左纳野牛沟；南至下索子，右纳下索子沟，左纳金汤河；南过鱼通镇，左纳磨子沟，又左纳前溪河；南至姑咱镇前，右纳羊厂沟；南过姑咱镇，右纳康定河；南过抗州村后进入泸定境内。

康定河。又名瓦斯沟，上游源自雅拉雪山下雅拉河，向东南流经中谷、王母、三道桥、二道桥等，至康定城区右纳折多河后为下游，始称康定河；转东流经升航、日地、瓦斯，至瓦斯沟口汇入大渡河。全长78千米，流域面积1554平方千米，多年平均流量49米^3/秒。

金汤河。全长80千米，天然落差3372米，流域面积1129平方千米，多年平均流量37.5米^3/秒。

泸定县

大渡河左纳马蜂沟，南过烹坝，有泸定水文站，控制流域面积58943平方千米，多年平均流量895米^3/秒，水位变幅6.7米。过站至泸定县城西，大渡河上游段即止于此。南进泸定县城，过泸定桥；再南经冷碛镇，左纳花园沟；右纳磨西河；又南过得妥镇，左纳两岔河、王家沟、湾车河，为泸定县与石棉县界河。

磨西河（燕子沟）。其主流有两条，一条发源于黑海子，纳大杆沟、小河子沟、喇嘛沟，流经雅家埂，称为雅家河；另一条为冰川型河源，发源于贡嘎山北坡冰川雪山口，为燕子沟、纳南门关沟、磨子沟、海螺沟。两支流于磨西镇吊嘴汇合，称磨西河，流经大乌科，从金光、繁荣两地之间穿过汇入大渡河。磨西河全长43千米，流域面积923平方千米，落差3000米。

湾东河。源出贡嘎山东麓，又称大沟，纳板棚沟、飞水沟后注入大渡河。为泸定、石棉两县分界河。

石棉县

大渡河，右纳田湾河，入石棉县境王岗坪，经王岗坪，左纳海流河、撒喇池沟；经新民乡，右纳出路沟，左纳礼约河；经安顺场，右纳松林河（安顺河）、小水河，折东偏北右纳南桠河；过石棉县城，左纳响水沟，右纳高冲沟；过迎政乡左纳八牌河；过永和乡右纳要要沟，向东北为石棉、汉源二县界河；过丰乐乡左纳大冲河。

田湾河。发源于贡嘎山西侧，流经康定市和石棉县，全流域面积1397平方千米，河长90千米，多年平均流量42.3米^3/秒，落差2120米。

松林河。又名安顺河，源出九龙县东部，在石棉县蟹螺沟接纳洪坝河，至安顺场注入大渡河。长73千米，流域面积1446平方千米，多年平均流量55.6米^3/秒，落差2360米。

南桠河。发源于九龙县，流经冕宁县，再到雅安市的石棉县后，注入大渡河。全长78千米，流域面积1187平方千米，多年平均流量79.7米^3/秒，落差1714米。

汉源县

大渡河至小堡右纳宰骡河，左纳大冲河，东入汉源县境；过富林镇，左纳流沙河，转东偏南左纳白岩河，右纳西街河；过顺河乡后为汉源县与甘洛县界河；又左纳鲁布沟，往东左纳深溪沟、老厂沟。

流沙河。发源于飞越岭西麓，源头有两支：北支林口沟，源出桌子山；南支黑石沟，源出扇子山，两支在宜东镇林口汇合后始称流沙河。主要支流有黄家沟、旭家沟、二郎河、后河、木槿河等。流经宜东、九襄、富林等8个乡（镇），于富林镇汇入大渡河。全长72千米，流域面积1153平方千米，河口多年平均流量为22.9米^3/秒，落差2547米。

甘洛县

大渡河过顺河乡后为汉源县与甘洛县界河，南至尼日，右纳尼日河，转东行有成昆铁路与之平行延伸。过乌斯河镇，转北偏东，过毛不耳后为甘洛县与金口河区界河。

尼日河。发源于喜德县境相岭山北麓的木支村上方附近，上游喜德境内称尼波河，在越西县裤裆沟出口与越西河汇口以上称普雄河，汇口以下称漫滩河；于玉田镇则拉村流入甘洛县。在甘洛境内，甘洛县城以上俗称尔觉河，甘洛县城以下称尼日河，在尼日村处汇入大渡河。河长125.6千米，流域面积4331.6平方千米，多年平均流量117米^3/秒。

支流县

越西县

越西河。河长45千米，流域面积815平方千米，经马拖、大瑞、中所、越城、新民5个镇，汇入尼日河。

金口河区

大渡河过关村坝后转东偏南，过大沙坝入金口河区，右纳小河；曲折向东北至金河镇，左纳金口河；转向东南，为金口河区与峨边县界河。

峨边县

大渡河右纳官料河后，东入峨边县境内，右纳白沙河；又东过峨边县城北，折东北流过新场乡，左纳龙池河；东过江峨村，为峨边县与峨眉山市界河；东过江岩坝，为峨边县与沙湾区界河。

官料河。又名西溪河，俗称官庙河。官料河发源于峨边县与美姑县接壤的阿米都洛山顶峰东北面，自南向北贯穿峨边县境，至宜坪斑鸠嘴汇入大渡河。

白沙河。河源分大竹坝河和白杨河两条，其中主源大竹坝河发源于峨边县与马边县交界处之药子山一带，由南向北流经木兰坪、大竹坝后转向西北，后纳右岸文坝沟，经二坪、猫猫山及九龙后转向至新林镇；在新林镇有中岗沟、观音沟等支沟汇入，沿途小支沟也较多。大竹坝河过新林镇后在庙子岗与支流白杨河汇合始称白沙河，于峨边县城注入大渡河。

峨眉山市、沙湾区、沐川县

大渡河东过江峨村，为峨边县与峨眉山市界河。过毛坪镇右纳杨河，过江岩坝，为峨边县与沙湾区界河；左纳范店沟，转东南过五渡镇、田村、大沙坝，又为沙湾区与沐川县界河。再东入沙湾区境，北折至福禄镇后转西，过葫芦镇，左纳轸溪沟；再北行经沙湾镇，转向东北，出山区而进入丘陵区，河道显著增宽，过喜农镇进入市中区。

市中区

大渡河自东北方向进入水口镇，左纳临江河、峨眉河，又左纳青衣江，东行至肖公嘴与岷江相汇。

临江河。发源于峨眉山前山的大坪、偏桥沟、土地关，有两条主流，一是大沟，二是张沟。主要支流有发源于二峨山的柳溪河、沙溪河。

峨眉河。古称“铁桥河”，又名符汶河，主要发源于峨眉山前缘的弓背山、神挂山、尖峰顶一带，在黄湾镇桅杆坪（麻子坝）合流。另一源头来自石笋峰、九老洞的黑白二水，经清音阁合流，至黄湾镇的两河口汇入峨眉河。途中主要支流河有川主河（袁沟河）、双福河、虹溪河、黑桥河；在流经峨眉山市的黄湾镇、绥山镇、胜利街道、符溪镇后，流入乐山市中区汇入大渡河。

关于“建设红色大渡河文化旅游走廊”的建议

红色大渡河，传颂着红军长征以及修筑成昆铁路、川藏公路、川藏铁路、川藏高速、引大济岷的英雄故事；美丽大渡河，串连起雄伟的峨眉山、贡嘎山、跑马山、夹金山、四姑娘山；文化大渡河，孕育了郭沫若、阿来等文坛巨匠和天宝、杨东生等革命先辈。在这条文化走廊上，屹立着千年古碉，绵延着茶马古道。

大渡河流域是早期人类文明的重要发祥地，因其特殊的地理位置、独特的自然条件、丰富的历史遗存和鲜明的地域文化，长久以来受世人关注，是旅游开发的重点区域。大渡河流域资源储备充足、历史积淀深厚、区域文化独特、红色根基稳固，具备极大的文化旅游系统开发潜力。

1 大渡河流域的基本情况

1.1 自然地理概况

大渡河古称沫水，发源于青海省果洛山南麓，由大金川、小金川在丹巴县章谷镇汇合后始称大渡河，在四川流经阿坝州、甘孜州、雅安市，穿凉山州边境流入乐山市注入岷江末端。干流全长1062千米，四川省境内长876千米，流域面积7.72万平方千米，其中四川省境内6.79万平方千米，占全流域面积的87.95%。干流分上、中、下三段，泸定县以上为上游，在四川省境内流经阿坝州的壤塘县、阿坝县、马尔康市、金川县、小金县及甘孜州的丹巴县、康定市、泸定县，流域还包括红原县、色达县、炉霍县、道孚县部分地区；中游流经雅安市石棉县、汉源县及凉山州甘洛县、乐山市金口河区，流域还包括九龙县、越西县、喜德县、冕宁县部分地区；下游为乐山市峨边县、峨眉山市、沙湾区、沐川县、市中区，流域还包括犍

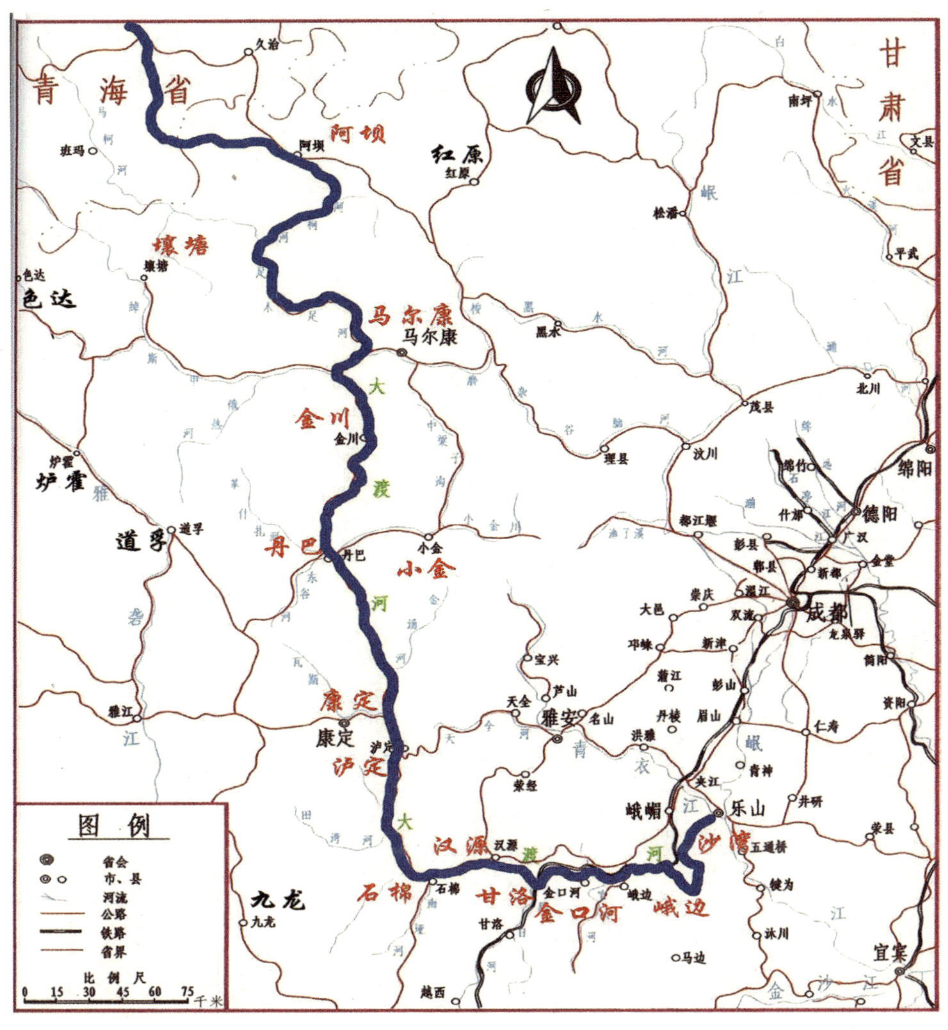

图1 大渡河流域示意图

为县部分地区。漫长的河道，复杂的地形，雄壮的峡谷，悬殊的气候，储藏着丰富而优质的自然景观。

1.2 社会经济概况

大渡河流经阿坝、甘孜、凉山“三州”和雅安、乐山“两市”，沿河及支流形成的河谷地区，从源头而下，依次成为藏族、羌族、彝族、回族等民族和汉族共同繁衍生息的聚居地和迁徙区域，也是汉藏、汉彝、藏羌、藏彝文化衔接融合的重要地带，具有浓郁的民族风情。由于历史上长期封闭，流域的特色文化、人文遗址保存较好，旅游文化资源多样性、独特性特点突出。2020年统计资料显示，大渡河流域四川省境内人口290多万，上游人口稀少，不足60万人；中下游人口稠密，有230多万人。上游各县以农牧业为主，中下游各县工业较为发达，全流域第三产业比重都较高，整体而言，相对流域经济落后。绝大部分县是重点生态功能区，发展文化旅游既是现实所需，更是政策所指。

表1 大渡河流域县（市、区）2020年主要经济指标

县（市、区）	辖区面积（平方千米）	户籍人口（万人）	地区生产总值（亿元）	第一产业增加值（亿元）	第二产业增加值（亿元）	第三产业增加值（亿元）
壤塘县	6640	4.7	13.41	3.81	0.75	8.85
阿坝县	10125	8.1	18.90	6.29	1.12	11.49
马尔康市	6626	5.3	41.42	3.81	2.30	35.31
金川县	5354	6.8	20.67	4.34	1.44	14.89
小金县	5565	7.7	24.37	4.42	4.46	15.49
丹巴县	4656	5.7	21.91	4.20	6.19	11.52
康定市	11486	10.6	109.96	6.67	46.07	57.22
泸定县	2165	8.6	29.27	4.82	8.4	16.04
石棉县	2679	11.4	102.38	16.40	33.41	52.57
汉源县	2215	28.6	110.58	26.82	29.58	54.18
甘洛县	2153	23.5	45.18	9.00	15.33	20.85
金口河区	598	4.8	34.26	4.99	17.44	11.83
峨边县	2382	14.8	57.56	9.03	26.83	21.70
峨眉山市	1181	42.5	35.09	3.42	11.81	19.96
沙湾区	606	17.11	184.84	19.76	115.84	49.24
沐川县	1405	24.8	78.39	20.90	26.88	30.61
市中区	837	64.9	430.92	38.29	126.95	265.68

2 大渡河流域文化旅游走廊建设必要性

2.1 国内外流域文化旅游开发的经验

流域因其地理特征明显，自然资源丰富，人类活动便利，文化底蕴厚重，一般都是现代文化旅游开发的重点区域。这方面，国内外都有比较成熟的开发模式和成功的开发经验，值得借鉴。

2.1.1 国外流域文化旅游开发

亚马孙河位于南美洲，是世界第二长河，凭借其丰富的自然资源优势，孕育了世界上最大的热带雨林。亚马孙河流域的开发主要围绕生态旅游、民俗风情旅游及探险旅游，以生态环境保护为第一原则，通过科学划定自然保护区，重视沿岸的原始森林保护工作，以热带雨林整体优势发展旅游业，维持原始热带雨林的自然景观、动植物旅游资源。利用沿岸的风土人情，使游客参与到当地人民的日常生活中，促进手工艺品的销售。凭借亚马孙河流域所特有的原生态自然景观、雨林气候，开展探险旅游，吸引游客。亚马孙河流域旅游开发不仅增加了森林维护的资金来源，也为当地人带来了手工业发展的机遇，还极大地传播了热带雨林文化。

莱茵河作为欧洲远近闻名的大河，是目前世界内河航运最为发达的国际河流。莱茵河流域是德国最重要的旅游资源之一，旅游业在德国莱茵流域经济中成为仅次于制造业的第二大产业。莱茵河流域的旅游开发重点关注水上活动项目，同时注重自然景观和人文景观、历史与文化相结合。其河畔的建筑、广场、雕塑都具有浓郁的艺术气息，对各地游客有强大的吸引力。通过对莱茵河流域的旅游开发，德国的风土人情转变为区域品牌，德国文化传播到全世界。

2.1.2 国内流域文化旅游开发

长江是中国的第一大河，景观类型众多，旅游资源丰富，开发的时间较早，程度较深。在长江三角洲地区，旅游发展主要以吴越文化为底蕴，充分挖掘上海的都市文化和历史文化，发展以城市观光、名胜古迹、主题公园为一体的自然兼人文特色的旅游产品。在三峡，旅游发展主要以长江自然文化、三峡水利、佛教文化、游船休闲为旅游品牌，将中国历史文化底蕴以旅游发展的方式广泛传播，不仅保护了文化多样性，也提升了人们的精神境界和文化修养。

珠江流域旅游发展的重点是特色文化，主要以区域合作的形式，着力打造“珠江文化旅游线”，通过整合多地文化确立珠江文化体系。以各个地区的特色景点为主要发展对象，依托区间的交通线路组合为特色旅游线路，加强相邻省区的合作关系，例如贵州与云南合作，打造珠江上游少数民族风情游等。以相邻省区之间的合作为起点，逐步深入，打造完整珠江旅游线路。

2.2 流域文化旅游走廊建设的必要性

大渡河流域自然资源、历史遗存和人文资源独特多元，具有充分的文化旅游开发要件，归纳起来主要具有“四条河”的鲜明属性，是建设红色大渡河文化旅游走廊的坚实基础。

2.2.1 资源之河

大渡河谷底较为温暖，农作物可以一年两熟或三熟，可种植小麦、青稞、水稻等，苹果、雪梨、樱桃及桃、柑、李等水果品种繁多。汉源花椒、金川雪梨、泸定樱桃、石棉黄果柑、小金苹果小有名气。上游地区牧草丰茂，畜牧业在当地占相当比重。流域森林面积占全省森林面积的15.3%，是长江上游重要的生态涵养地，历史上在色达、金川、丹巴、小金等地均设有省属森林工业局。流域内有虫草、麝香、贝母、鹿茸等名贵药材，大熊猫、金丝猴、扭角羚等珍稀动物名扬天下。金、银、铅、锌、煤等矿产种类丰富，石棉县因资源而得名，丹巴云母矿曾是中管企业。大渡河是国家十大水电基地之一，全流域水电资源理论蕴藏量在四川境内就有3000多万千瓦，占四川各江河水电资源总量的20.6%。特别是干流双江口至铜街子这593千米长的河段，天然落差达1827米，水能蕴藏量1748万千瓦，占据流域的50%以上。铜街子、深溪沟、瀑布沟、龙头石、大岗山、泸定、黄金坪、长河坝、猴子岩等大型水电站已建成发电，库区还形成了开阔的湖面。大渡河流域孕育了雪山、峡谷、森林、冰川等自然奇观，贡嘎山、二郎山、四姑娘山、墨尔多山享誉中外。丰富的山地景观、河流景观、峡谷景观、冰川景观、水利景观、草原景观等类型多样、各具特色。这为建设红色大渡河文化旅游走廊提供了有力的自然资源依托。

表2　大渡河流域自然保护地名录

名称	类型	属地
贡嘎山国家级自然保护区	自然保护区	康定市、泸定县、九龙县、石棉县
四姑娘山国家级自然保护区	自然保护区	小金县
南莫且国家级自然保护区	自然保护区	壤塘县
马鞍山省级自然保护区	自然保护区	甘洛县
金汤孔玉省级自然保护区	自然保护区	康定市
莫斯卡省级自然保护区	自然保护区	丹巴县
黑竹沟省级自然保护区	自然保护区	峨边县
墨尔多山省级自然保护区	自然保护区	丹巴县
栗子坪省级自然保护区	自然保护区	石棉县
党岭自然保护区	自然保护区	丹巴县
竹厂沟自然保护区	自然保护区	金川县
湾坝自然保护区	自然保护区	九龙县
岷江柏自然保护区	自然保护区	马尔康市
黑竹沟国家森林公园	森林公园	峨边县
海螺沟国家森林公园	森林公园	泸定县
二郎山国家森林公园	森林公园	泸定县
夹金山国家森林公园	森林公园	小金县
四川大瓦山国家湿地公园	湿地公园	金口河区
汉源湖省级湿地公园	湿地公园	汉源县
四川大渡河峡谷国家地质公园	国家地质公园	金口河区
海螺沟国家地质公园	国家地质公园	泸定县
四姑娘山国家地质公园	国家地质公园	小金县

2.2.2 历史之河

大渡河及其众多支流形成的若干天然河谷通道，是经久不息的“民族走廊”。茶马古道、嘉绒古碉等各类遗迹众多，还有西夏国灭亡后皇族迁徙大渡河的传说。这为建设红色大渡河文化旅游走廊提供了丰富的历史资源。

表3　大渡河流域历史遗址名录

名称	备注	属地
乐山大佛	全国重点文物保护单位	市中区
田坝土司遗址	省级文物保护单位	甘洛县
狮子山遗址	旧石器时代遗址	汉源县
九襄石牌坊	省级文物保护单位	汉源县
安顺场红军强渡大渡河遗址	省级文物保护单位	石棉县
三星遗址	宋代遗址	石棉县
泸定桥	全国重点文物保护单位	泸定县
磨西天主教堂	省级文物保护单位	泸定县
岚安苏维埃政府旧址	省级文物保护单位	泸定县
化林坪总兵府旧址	省级文物保护单位	泸定县
丹巴古碉群	全国重点文物保护单位	丹巴县
罕额依新石器时代文化遗址和汉代石棺葬墓群	全国重点文物保护单位	丹巴县
沃日土司官寨经楼与碉	全国重点文物保护单位	小金县
两河口会议会址	全国重点文物保护单位	小金县
达维会师遗址	全国重点文物保护单位	小金县
御制平定金川之碑	清代遗迹	金川县
哈休遗址	全国重点文物保护单位	马尔康市
松岗碉群	全国重点文物保护单位	马尔康市
大藏寺	全国重点文物保护单位	马尔康市

续表

名称	备注	属地
卓克基土司官寨	全国重点文物保护单位	马尔康市
棒托寺	全国重点文物保护单位	壤塘县
日斯满巴碉房	全国重点文物保护单位	壤塘县
措尔机寺	全国重点文物保护单位	壤塘县
茶马古道遗址	全国重点文物保护单位	康定市、泸定县、汉源县

2.2.3 文化之河

大渡河流域勤劳智慧的藏族、彝族、羌族、汉族等民族的人民创造并积淀了独具特色的民族文化。河流孕育了郭沫若、阿来等文坛巨匠和天宝、杨东生等革命先辈。大渡河流域各民族创造了各具特色的灿烂文化，上游藏族聚居区是我国藏传佛教圣地之一，格鲁派、宁玛派、觉囊派及本教都具有深厚底蕴；中游有源远流长的彝族毕摩文化；下游还有以乐山大佛为代表的汉传佛教文化。这为红色大渡河文化旅游走廊建设构筑起厚实的文化底蕴。

表4　大渡河相关著名文化作品名录

作品	作者
《七律·长征》（诗词）	毛泽东
《大渡河》（电影）	中国长春电影制片厂
《长征》（电视剧）	中国中央电视台
《歌唱二郎山》（歌曲）	洛水、时乐濛
《康定情歌》（歌曲）	民歌
《康定情歌》（电视剧）	北京金英马公司等
《尘埃落定》（小说）	阿来
《飞夺泸定桥》（实景剧）	汪甲

2.2.4 红色之河

毛泽东同志《七律·长征》中有5句描写红军长征途中最具历史性和标

志性的地方，其中4处在四川境内或交界处。“大渡桥横铁索寒”更响彻中华大地。1935年5月，中国工农红军在大渡河上飞夺泸定桥，这是长征途中的一次著名战役，见证了中国工农红军的英勇传奇。在这片土地上，有安顺场、泸定桥、磨西会议遗址、两河口会议会址、卓克基会议旧址和达维会师桥等红色遗迹，设立有四川长征干部学院甘孜泸定桥分院和雪山草地分院，丰富的红色资源逐渐在流域开花结果。这为红色大渡河文化旅游走廊建设注入强大的精神力量。

表5　大渡河流域红色遗迹名录

名称	属地
安顺场	石棉县
磨西会议遗址	泸定县
泸定桥	泸定县
岚安革命老区	泸定县
红五军团政治部遗址	丹巴县
两河口会议会址	小金县
达维会师遗址	小金县
卓克基会议旧址	马尔康市

3 大渡河流域文化旅游走廊建设的可行性研究

3.1 政策环境良好

从国家战略看，党的十八大以来，国家高度重视旅游业发展，把发展旅游业提高到经济转型升级、生态文明建设、展示国家综合实力、促进乡村振兴的战略高度，着力推动全域旅游、生态旅游。党的二十大报告对“推进文化强国，铸就社会主义文化新辉煌”作出专章部署，强调“坚持以文塑旅、以旅彰文，推进文化和旅游深度融合发展”。2014年3月，文化部和财政部联合印发《藏羌彝文化产业走廊总体规划》，提出在藏羌彝核心区打造文化产业走廊。2016年12月，国务院印发《“十三五”旅游业发展规划》，提出旅游道路建设与风景打造融为一体的战略，明确实施“滇川国家级风景道”等25条国家旅游风景道示范工程，大渡河中下游就是重要节点和起始段。这些战略规划的实施为大渡河流域文化旅游走廊建设提供了重要的战略机遇。

从地方规划看，“三州”“两市”都是著名的旅游目的地。2019年，四川省委、省政府出台《关于大力发展文旅经济 加快建设文化强省旅游强省的意见》部署“一核五带”总体布局，提出大力建设高原生态文化、藏羌民族文化、长征文化等融合发展的川西北文旅经济带。2021年10月，四川省人民政府批复《四川省“十四五”文化和旅游发展规划》，关于大渡河流域的表述包括“发展藏羌文化体验”“高水平发展大香格里拉、大贡嘎、大竹海、大蜀道文化旅游精品”“特色旅游城市康定、马尔康”“藏羌碉楼与村寨文化保护”“推进长征国家文化公园四川段建设”“整体性保护……嘉绒文化……等特色文化形态”。2022年11月，四川省文化和旅游发展大会召开，吹响“加快文化强省旅游强省建设，打造世界重要旅游目的地”冲锋号。这为大渡河文化旅游走廊建设提供了重要政策支撑。同时，大渡河流域是革命老区、民族地区、贫困地区及国家重点生态功能区，国家和四川省出台了一系列支持生态保护、乡村振兴、经济发展的政策“组合拳”，有利于推动大渡河流域文化旅游开发提档升级、互联互通。

3.2 发展态势可喜

近年来，大渡河流域的旅游业呈现蓬勃发展态势，广受国内外游客的青睐。数据显示，阿坝州旅游业2018年受九寨沟地震影响而增长不足，但也接待游客2369.47万人次、旅游收入166.71亿元；甘孜州2018年接待游客2230万人次、旅游收入222.5亿元，同比增长33.7%、34.0%；凉山州2018年接待游客4595.99万人次，旅游收入436.67亿元，同比增长4%、20.93%；雅安市2018年接待游客3740.58万人次，旅游收入320.42亿元，同比增长17.2%和25.6%；乐山市2018年接待游客近5700万人次，旅游收入近900亿元，同比增长11%、16%。大渡河流域“三州”“两市”的旅游业已经具有相当的市场认可度和社会知名度，为走廊建设建立了有效的市场渠道，为走廊品牌打造提供了宣传良机。

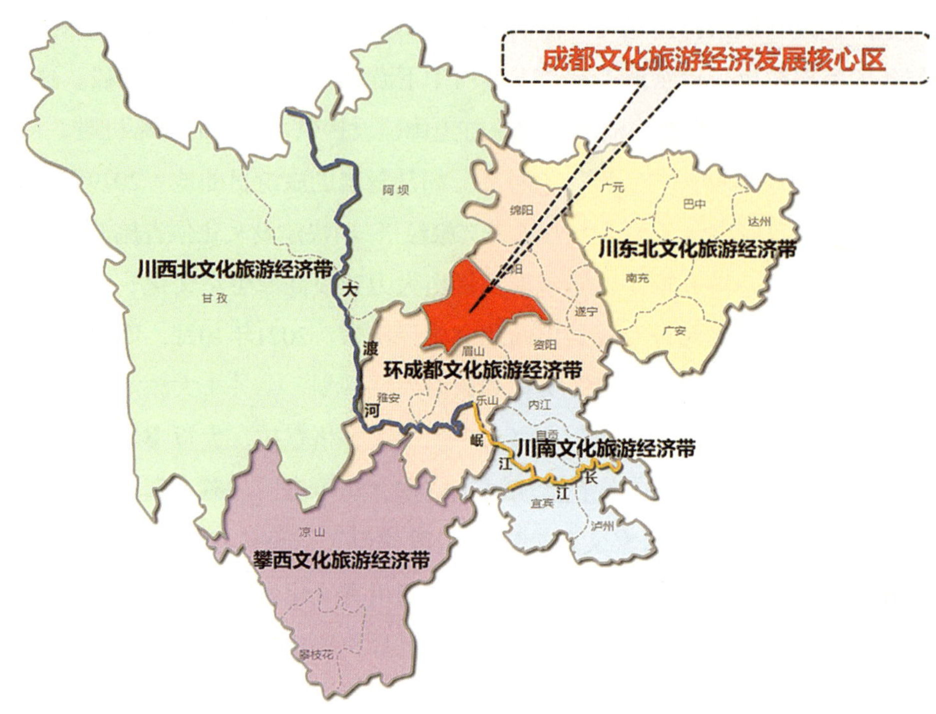

图2　大渡河流域与“一核五带”总体布局的关系

随着我国社会主要矛盾改变，文化旅游发展也随之发生转变，逐步呈现出新的特点。一是从观光游向休闲游、体验游转变，人们到一个地方观山赏水品文化，参与康养、度假、游学、养老等，不仅可以放松身心愉悦心灵，还能获得知识、体验文化。二是从景区游向全域游、生活游转变，大美河山、地域文化、民风民俗、一城一村一景都是旅游资源，旅游全域化、无景点化趋势明显。三是从团队游向自助游、深度游转变，自驾出行、网络服务、私人定制等更为普遍。四是从大众游向分众游、品质游转变，旅游成为生活的常态和“刚需”，需求更加多元化、个性化。

当前，流域乡村顺势而上，旅游发展已初显规模，相继涌现出“世外梨园”沙耳乡、“最美乡村”甲居村、“花海果乡”申沟村、“云端遗民”胜利村等先行先试典范。

表6　大渡河流域美丽乡村名录

名称	备注	属地
双山村	省级乡村旅游示范村	沙湾区
底底古村	全国乡村旅游重点村	峨边县
胜利村	全国少数民族特色村寨	金口河区
三强村	中国美丽休闲乡村	汉源县
申沟村	中国美丽乡村	汉源县
安靖村	省级乡村旅游示范村	石棉县
猛种堡子	中国传统村落	石棉县
杵坭村	中国美丽休闲乡村	泸定县
若吉村	天府旅游名村	康定市
色龙村	天府旅游名村	康定市
甲居村	全国乡村旅游重点村	丹巴县
莫斯卡村	中国传统村落名录	丹巴县
长坪村	全国乡村旅游重点村	小金县
两河村	省级历史文化名村	小金县
德胜村	四川幸福美丽乡村	金川县
代基村	四川最美古村落	马尔康市
神座村	省级乡村旅游示范村	阿坝县
加斯满村	中国传统村落	壤塘县

大渡河流域丰富多元的自然文化旅游资源，能够适应新时代旅游发展的新特点、满足现代人的旅游口味、串联重要旅游节点，建设大渡河流域文化旅游走廊，也能给各个节点的旅游带来明显的乘数效应。

3.3 交通骨架形成

大渡河流域目前康定机场已建成使用，乐山机场在建。都江堰至四姑娘山山地轨道正在建设，途经泸定、康定的川藏铁路也已开建。乐山至汉源高速公路即将建成，石棉至泸定高速公路已经开工，康定至马尔康高速公路列入规划。从成都经成雅高速、雅西高速直达石棉、汉源，经成雅高速、雅康高速直达泸定、康定，经都汶高速、汶马高速直达马尔康；从红原机场、甘孜格萨尔机场到大渡河上游阿坝县、马尔康市、色达县也只需一个多小时。四通八达的交通骨架为流域文化旅游走廊建设提供了先决条件。

3.4 开发成效明显

大渡河流域旅游资源富集，海拔适中，进出便利，在省内外都有较强的比较优势。乐山市率先启动“大渡河风景道（乐山段）”建设，着力打造全国独一无二的“低空+陆地+水上+水下”立体旅游带状景区，跨金口河区、峨边县、沙湾区、市中区，串联起乐山大佛、郭沫若故居、黑竹沟、金口大峡谷等旅游资源。溯河而上，县县都有景点，处处都是景色，乐山大佛、大渡河大峡谷、王岗坪、贡嘎山、二郎山、牛背山、跑马山、四姑娘山等风景区星罗棋布，汉源梨花节、康定情歌节、丹巴嘉绒风情节、马尔康嘉绒锅庄节等日渐成为受游人瞩目的节庆。

表7　大渡河流域景区名录

名称	备注	属地
乐山大佛景区	国家AAAAA级旅游景区	市中区
黑竹沟景区	国家AAAA级旅游景区	峨边县
大渡河金口大峡谷景区	国家AAAA级旅游景区	金口河区
汉源湖	热门景区	汉源县
九襄梨花园	热门景区	汉源县
孟获古城	热门景区	石棉县
王岗坪景区	国家AAAA级旅游景区	石棉县
安顺场景区	国家AAAA级旅游景区	石棉县
海螺沟景区	国家AAAAA级旅游景区	泸定县
泸定桥景区	国家AAAA级旅游景区	泸定县

续表

名称	备注	属地
二郎山	热门景区	泸定县
牛背山	热门景区	泸定县
跑马山景区	国家级风景名胜区片区	康定市
木格措景区	国家AAAA级旅游景区	康定市
梭坡古碉群	热门景区	丹巴县
丹巴藏寨群	国家AAAA级旅游景区	丹巴县
党岭景区	热门景区	丹巴县
莫斯卡景区	热门景区	丹巴县
四姑娘山风景名胜区	国家级风景名胜区	小金县
两河口会议纪念地旅游景区	国家AAAA级旅游景区	小金县
夹金山	省级风景名胜区	小金县
观音桥景区	国家AAAA级旅游景区	金川县
世外梨园景区	国家AAAA级旅游景区	金川县
卓克基土司官寨文化旅游景区	国家AAAA级旅游景区	马尔康市
松岗柯盘天街文化旅游景区	国家AAAA级旅游景区	马尔康市
棒托寺	热门景区	壤塘县
阿坝神座世外桃源景区	国家AAAA级旅游景区	阿坝县
莲宝叶则景区	热门景区	阿坝县

4 文化旅游走廊建设的对策措施

大渡河流域文化旅游极具开发价值，且大有可为。但是目前大渡河流域的文化旅游开发统一规划不够，发展定位不精，文化挖掘还不到位，整体水平不高，发展不平衡，存在自然旅游打造好于文化旅游打造，中下游旅游景区开发好于上游旅游景区开发等现象。这既是流域文化旅游走廊建设面临的重大挑战，更是今后加快发展的潜力所在，为此提出以下建议。

4.1 准确编制文化旅游走廊建设规划

按照摸清家底、统筹规划、区域协调的思路，统一推进大渡河流域文化旅游走廊规划编制和实施。一是对全流域的自然资源、历史资源和文化资源开展全面普查，全方位、分类型、分区域摸清全流域的资源家底，建成流域资源数据库。二是调研流域文化旅游开发现状，弄清进展动态。三是依据四川省文化旅游开发“一核五带”总体布局，突出“红色大渡河文化旅游走廊”建设的区域引领作用。

4.2 精心设计流域文化旅游精品线路

按照“4环+4专”思路，精心设计大渡河的旅游线路，全力打造大渡河文化旅游走廊。

设计“大中小微”4条流域旅游环线。大环线为成都—乐山—沙湾—峨边—金口河—甘洛—汉源—石棉—泸定—康定—丹巴—金川—马尔康—成都；中环线为成都—乐山—沙湾—峨边—金口河—甘洛—汉源—石棉—泸定—康定—丹巴—小金—成都；小环线为成都—乐山—沙湾—峨边—金口河—甘洛—汉源—石棉—泸定—康定—成都；微环线为成都—乐山—沙湾—峨边—金口河—甘洛—汉源—石棉—成都。

设计“红色、风情、名山、特色”4条流域旅游专线。红色专线为成都—石棉—泸定—丹巴—小金—成都；风情专线为成都—小金—丹巴—金川—马尔康—成都；名山专线为成都—二郎山—跑马山—贡嘎山—成都；特色专线为成都—甘孜机场—色达—壤塘—阿坝—红原机场—成都。

4.3 着力开展交旅融合发展示范

大渡河是四川文化旅游全线可进入性和吸引力最强的流域，交通等基础设施较为完善，有条件开展“交旅融合发展示范”。要重点加快泸定至石棉、久治至马尔康高速公路建设，力争康定至马尔康高速公路尽早开工，打通高速公路“最后一千米”，实现大渡河流域全线开通高速公路。坚持推进交通干线、旅游道路、景区景点等周边环境净化美化，加强观景平台、旅游厕所等建设，努力打造智慧信息平台。

4.4 全面创新流域文化旅游工作机制

立足构建独具魅力的文化影响力、特色鲜明的旅游吸引力、优质高效的产品供给力和领先水平的产业竞争力，积极创新流域文化旅游走廊建设推进机制。创新流域文化旅游业态开发机制，开发河谷度假、避暑疗养、看水赏花、登山漂流、科普探险等旅游新产品，让游客慢下来、留下来、住下来。创新流域旅游市场运作机制，推进统一市场营销，培育引进专业营运主体，打造全方位立体化营销矩阵。

参考文献

［1］郑柳青.大渡河流域旅游扶贫开发的可行性研究［J］.乐山师范学院学报，2015，30（12）：42–47.

［2］郑柳青.大渡河流域文化旅游开发战略构想［J］.乐山师范学院学报，2016，31（8）：51–55.

［3］四川省国民经济和社会发展第十三个五年规划纲要［EB/OL］.［2016-02-15］. http://www.sc.gov.cn/10462/10464/10797/2016/2/15/10368205.shtml

［4］李忠东，周江陵，邹蓉. 大河奇峡［M］. 北京：中国旅游出版社，2019：4–19.

《四川省“十四五”文化和旅游发展规划》对大渡河流域的具体部署

<table>
<tr><th colspan="2">规划项目</th><th>具体部署</th></tr>
<tr><td rowspan="3">发展布局</td><td>文化旅游走廊</td><td>长征红色旅游走廊
藏羌彝文化产业走廊
茶马古道历史文化走廊</td></tr>
<tr><td>文化旅游精品</td><td>雪山草地生态观光休闲
藏羌文化体验
大贡嘎乡村旅游集聚区
乡村民宿集群</td></tr>
<tr><td>特色旅游城市</td><td>康定、马尔康</td></tr>
<tr><td rowspan="3">文化产业</td><td>保护展示利用</td><td>藏羌碉楼与村寨文物保护</td></tr>
<tr><td>革命文物保护</td><td>长征国家文化公园四川段建设</td></tr>
<tr><td>非遗区域性整体保护</td><td>嘉绒文化</td></tr>
<tr><td rowspan="5">文化产品</td><td>国家5A级旅游景区培育创建</td><td>泸定桥景区、四姑娘山景区</td></tr>
<tr><td>国家级旅游度假区培育创建</td><td>大渡河岷江流域
雪山冰川温泉旅游度假带
甘孜州贡嘎山旅游度假区</td></tr>
<tr><td>天府旅游名县</td><td>甘孜州康定市，乐山市峨眉山市、市中区</td></tr>
<tr><td>旅游演艺</td><td>康定市作响“情歌城”品牌，打造民族地区演艺集群</td></tr>
<tr><td>国家全域旅游示范区创建</td><td>甘孜州、石棉县</td></tr>
<tr><td rowspan="3">公共服务设施</td><td>交通网络</td><td>川藏公路、川藏铁路</td></tr>
<tr><td>路景融合示范点</td><td>乐山大渡河风景道
都江堰至四姑娘山山地轨道</td></tr>
<tr><td>重大文化和旅游项目</td><td>大渡河岷江流域国家旅游风景道
长征国家文化公园
泸定桥景区核心展示区
阿坝县安多文化旅游就业创业园</td></tr>
</table>

大渡河流域基本信息图

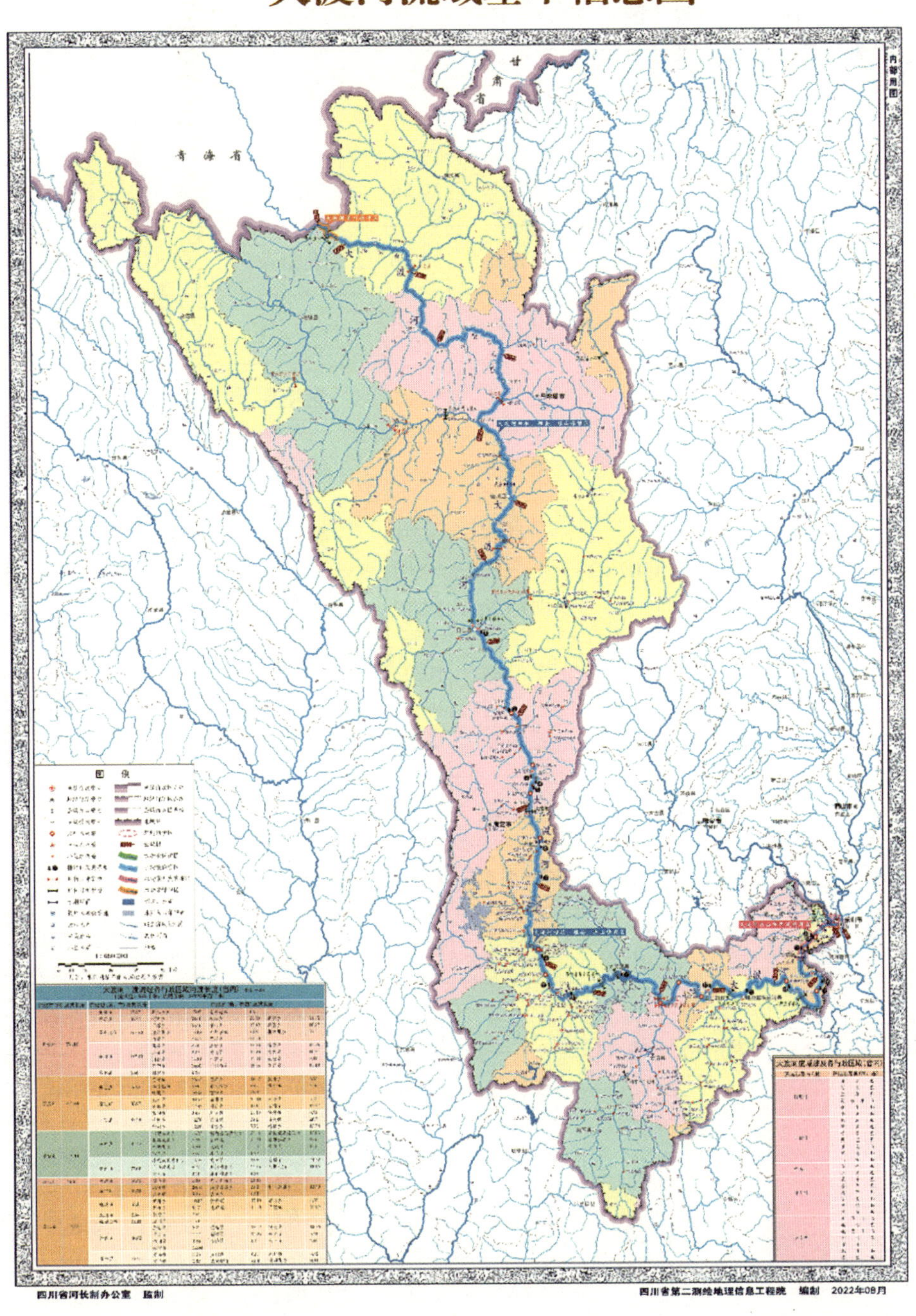

大渡河流域主要河流干流流经各行政区域河流长度（四川省内）（单位：千米）

流经市（州）及其长度		流经县（区、市）及其长度		流经乡（镇、街道）及其长度					
阿坝州	338.16	壤塘县	17.97	茸木达乡	17.07	南木达镇	0.9		
		阿坝县	82.73	柯河乡	39.48	垮沙乡	20.39	茸安乡	24.15
		马尔康市	167.90	日部乡	36.46	康山乡	15.82	草登乡	18.27
				龙尔甲乡	16.12	沙尔宗镇	4.86	脚木足乡	37.11
				白湾乡	23.71	党坝乡	22.08		
		金川县	107.62	集沐乡	25.13	庆宁乡	15.9	咯尔乡	15.26
				沙耳乡	3.29	勒乌镇	11.2	马奈乡	10.31
				河西乡	14.14	河东乡	11.98	独松乡	9.18
				安宁镇	10.02	马尔邦乡	15.65	曾达乡	11.49
		小金县	6.56	潘安乡	6.56				
甘孜州	242.84	丹巴县	76.96	巴底镇	23.63	巴旺乡	18.17	聂呷乡	5.25
				革什扎镇	0.91	东女谷乡	4.4	章谷镇	4.56
				梭坡乡	10.82	格宗乡	26.34		
		康定市	83.97	孔玉乡	40.35	鱼通乡	10.4	三合乡	5.51
				麦崩乡	12.81	时济乡	17.91	姑咱镇	13.57
		泸定县	83.24	烹坝镇	9.43	泸桥镇	21.59	冷碛镇	6.75
				杵坭乡	12.76	兴隆镇	5.86	德威乡	15.74
				加郡乡	12.9	田坝乡	7.7	得妥镇	26.71

续表

流经市（州）及其长度		流经县（区、市）及其长度		流经乡（镇、街道）及其长度					
雅安市	149.14	石棉县	83.42	田湾彝族乡	16.23	挖角彝族藏族乡	22.11	新民藏族彝族乡	15.83
				先锋藏族乡	2.29	新棉镇	21.79	安顺彝族乡	9.66
				棉城街道	5.9	迎政乡	5.55	永和乡	11.01
				宰羊乡	8.57	丰乐乡	8.25		
		汉源县	77.08	小堡藏族彝族乡	16.95	富林镇	16.54	大树镇	24.32
				片马彝族乡	5.77	顺河彝族乡	21.83	乌斯河镇	18.86
				皇木镇	2.11	永利彝族乡	6.38		
凉山州	36.66	甘洛县	36.66	黑马乡	6.8	乌史大桥乡	29.86		
乐山市	172.25	金口河区	39.78	永和镇	20.81	共安彝族乡	5.82	和平彝族乡	13.99
				金河镇	9.98	吉星乡	8.98		
		峨边县	68.21	宜坪乡	10.13	沙坪镇	15.8	新场乡	4.59
				共和乡	6.17	毛坪镇	11.1	五渡镇	25.02
		沐川县	7.84	茨竹乡	7.84				
		峨眉山市	15.15	龙门乡	15.15				
		沙湾区	80.62	范店乡	6.24	龚嘴镇	16.02	铜茨乡	18.26
				牛石镇	7.72	福禄镇	11.25	葫芦镇	3.98
				谭坝乡	9.8	沙湾镇	8.17	太平镇	7.01
				嘉农镇	12.04				
		市中区	18.21	安谷镇	1.03	罗汉镇	6.31	水口镇	6.92
				车子镇	0.89	大佛街道	4.84	肖坝街道	0.14

大渡河简介

大渡河，古称北江、涐水、沬水、大渡水、鱼通河、金川、铜河……位于四川省中西部，历史上被作为长江支流岷江的最大支流。但从河源学上应为岷江正源。

发源于巴颜喀拉山的果洛山（年保玉则），起于青海省果洛藏族自治州久治县，经班玛县，在壤塘县茸木达乡进入四川阿坝州境内，流经阿坝县、马尔康市、金川县，在丹巴县进入甘孜州，又经阿坝州小金县后，过康定市、泸定县，在石棉县进入雅安市，经汉源县，进入凉山州甘洛县，在金口河区进入乐山市，经峨边县、峨眉山市、沙湾区、沐川县，于市中区注入岷江，流域面积7.72万平方千米（不含青衣江），河长1074千米。多年平均流量1988米^3/秒，多年平均水资源量459.17亿立方米，多年平均径流深603.7毫米。四川省内面积6.79万平方千米，省境内河长871千米。

支流较多，流域面积在四川省境内1000平方千米以上的支流22条，10000平方千米的支流2条。传统上认为，大渡河在大金川以上有三源：梭磨河、绰斯甲河（上源为青海的杜柯河、多柯河）、足木足河（上源青海的麻尔柯河、玛柯河），足木足河为正源。

大渡河，在泸定以上为上游，泸定至乐山市铜街子为中游，铜街子以下为下游。

久治县

大渡河正源足木足河，发源于青海省果洛州久治县哇尔依乡查七沟顶山岗以北6千米无名山（属巴颜喀拉山脉东段）南坡，源头地理坐标为东经100° 23′，北纬33° 39′，源头高程4708米。大渡河青海省境内干流称麻尔柯河（玛柯河），东南流经久治县东塔，于白玉左纳俄柯后，东南至班玛县多贡玛。

俄柯河（俄柯），河长85千米，流域面积2242平方千米，多年平均流量18米^3/秒。

大渡河源头果洛山达尕村　上图沿公路而上远处山梁为黄河长江分水岭

达尕村

达尕牧场风光

达尕村

久治县哇尔依乡

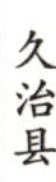

久治县哇尔依乡人民政府

久治县白玉寺

白玉乡俄木措

久治县白玉乡政府所在地

久治县县城全景

以上照片由常德、程康、胡郁钢等拍摄

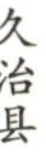

班玛县

麻尔柯河（玛柯河）南过尼木达，与流经达日县的满掌河会后，转南偏东经班玛县城东，又南过亚日堂（亚尔堂）、灯塔、下科培转东，右纳恩则柯（又称则柯），左纳哑巴沟、折尔朗沟；又东为川青界河，过灯塔乡大安（达阿尔），转南进入四川省境为壤塘县与阿坝县之界河。麻尔柯河（玛柯河）在青海省的河长约210千米，流域面积6341平方千米，落差780米，多年平均流量60.3米^3/秒。

支流县

达日县

满掌河。源出达日县北塔什温附近，流经达日县，在班玛县多贡玛乡多尕玛处与麻尔柯河汇合。长约47千米，流域面积312平方千米。

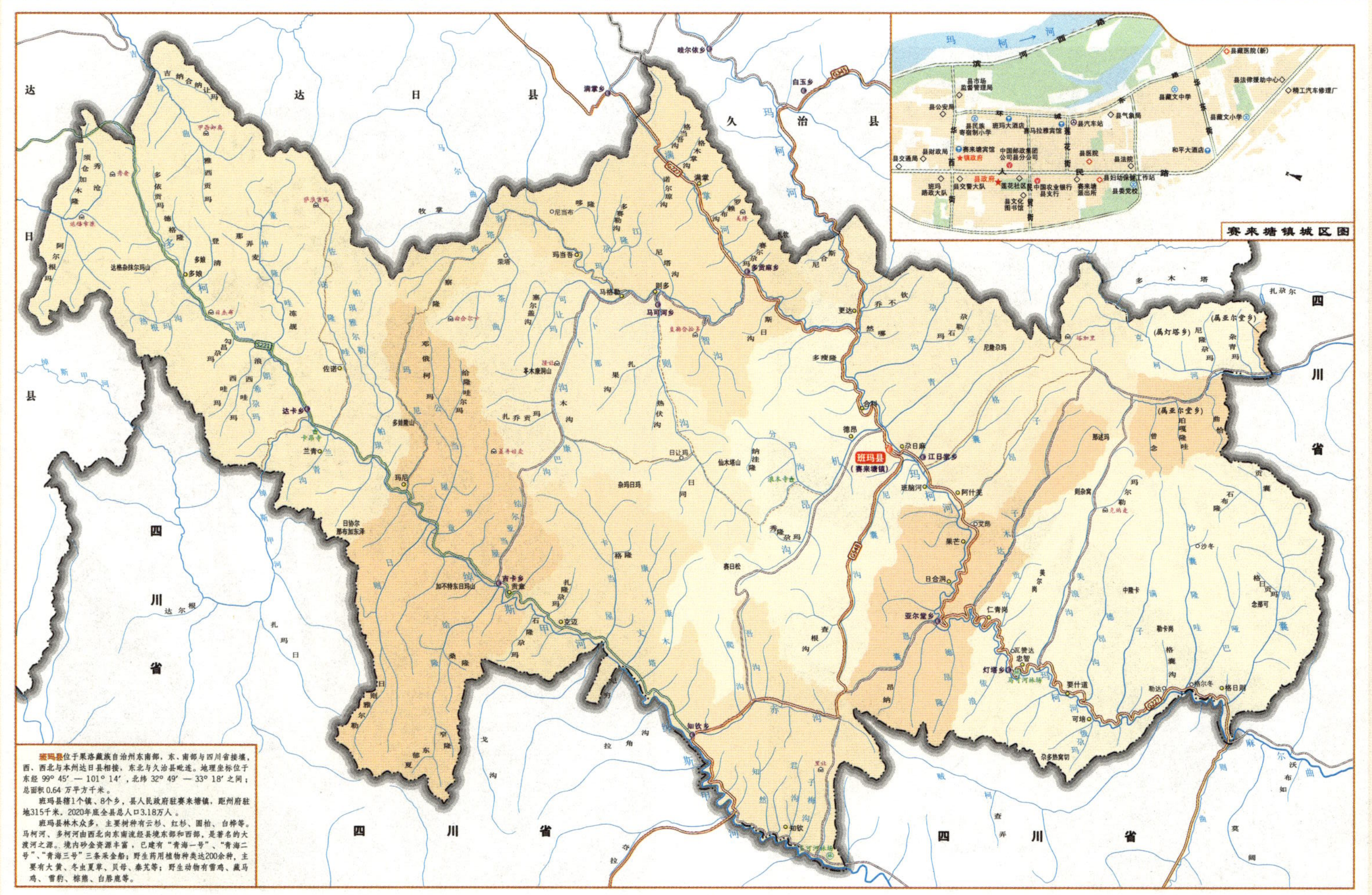

班玛县位于果洛藏族自治州东南部，东、南部与四川省接壤，西、西北与本州达日县相接，东北与久治县毗连。地理坐标位于东经 99° 45′ — 101° 14′，北纬 32° 49′ — 33° 18′ 之间；总面积 0.64 万平方千米。

班玛县辖1个镇、8个乡，县人民政府驻赛来塘镇，距州府驻地315千米。2020年底全县总人口3.18万人。

班玛县林木众多，主要树种有云杉、红杉、圆柏、白桦等。马柯河、多柯河由西北向东南流经县境东部和西部，是著名的大渡河之源。境内砂金资源丰富，已建有“青海一号”、“青海二号”、“青海三号”三条采金船；野生药用植物种类达200余种，主要有大黄、冬虫夏草、贝母、秦艽等；野生动物有雪鸡、藏马鸡、雪豹、棕熊、白唇鹿等。

班玛县多贡玛乡满掌河与麻尔柯河汇合

多贡玛寺

青海班玛县城

班玛县江日堂

青海班玛县亚尔堂乡红军沟麻尔柯河大拐湾

班玛县红军沟

班玛县灯塔寺

多柯河两岸（界河），左岸为青海班马县，右岸为四川色达县

青海省果洛州班玛县知钦乡与吉卡乡段的杜柯河大拐湾（对面公路为四川省）

杜柯河边的知钦乡

青海班玛县知钦乡开迈村处的杜柯河大拐湾，对面为四川色达县，为青川界河

达日县城

四川扶贫桥

四川青海交界友谊桥

以上照片由常德、程康、胡郁钢等拍摄

壤塘县

在四川省境内，麻尔柯河右纳壤塘县的则曲河，继又东流右纳莫柯，入阿坝县境。

杜柯河（多柯河）。为绰斯甲河干流的上游河段，源于青海省达日县，经色达县东北、壤塘县城，与色曲汇合后称绰斯甲河，河段长119千米。

则曲河。源出壤塘县，河长101千米，流域面积1622平方千米，多年平均流量19.1米^3/秒。

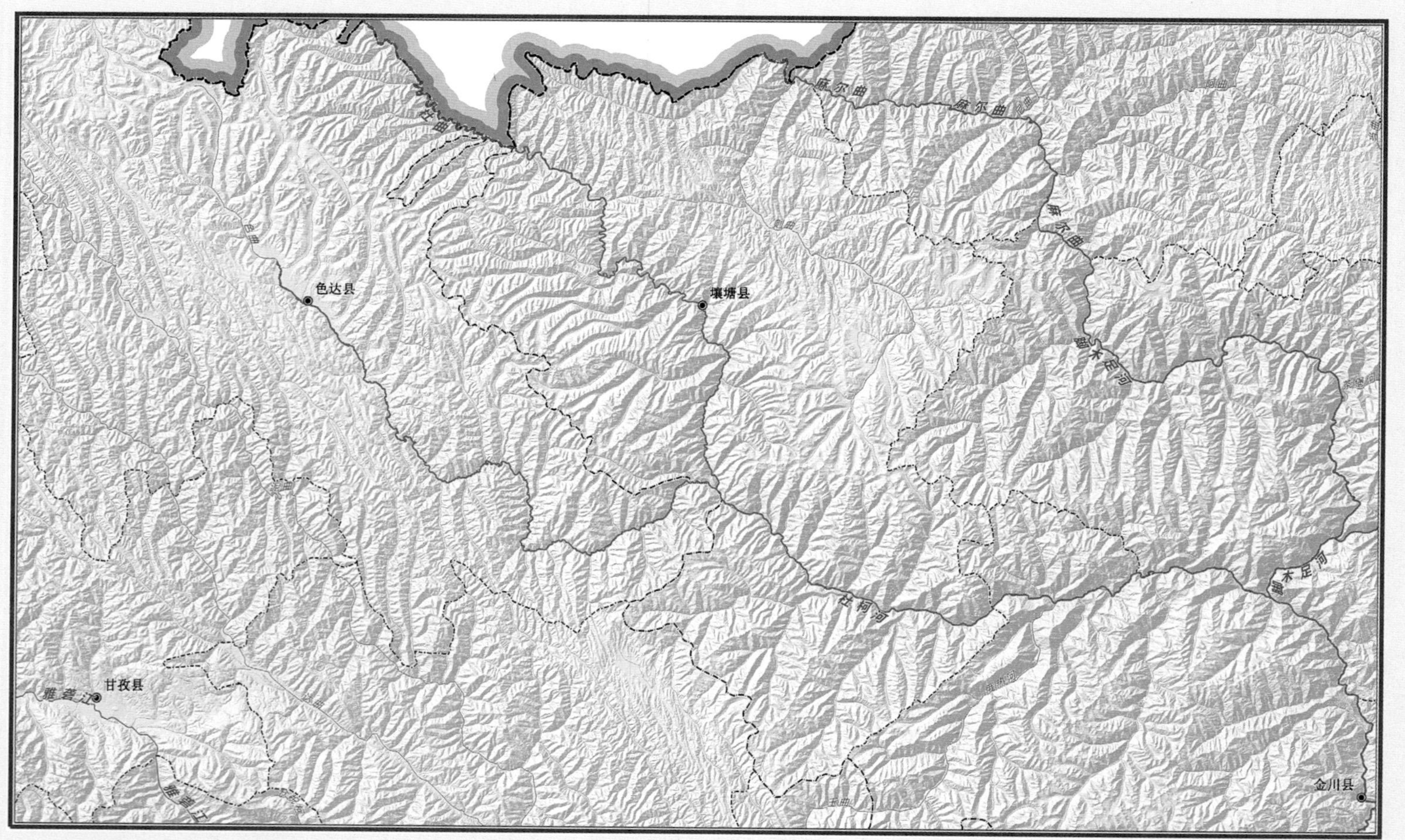

大渡河三维流域图——壤塘县

大渡河青川缓冲区
K876
K850
K800
大
麻
尔
曲
渡
河
麦
朗
恩
则
柯
茸木达乡
柯河乡
垮沙乡
茸安乡
年龙乡
上杜柯乡
南木达镇
热
基
沟
壤塘县
上壤塘乡
日部乡
希
协
尔
木
郎
河
昂
柯
吾依乡
洛若镇
霍西乡
旭日乡
歌乐沱乡色曲河
歌乐沱乡
纳
让
沟
翁达镇
石里乡
绰
斯
宗科乡
蒲西乡
甲
拥玛一级电站
二嘎里乡
蒲西乡
宗塔乡
宗麦乡
俄热乡
俄
热
河
炉霍县
木
尔
甲
沟

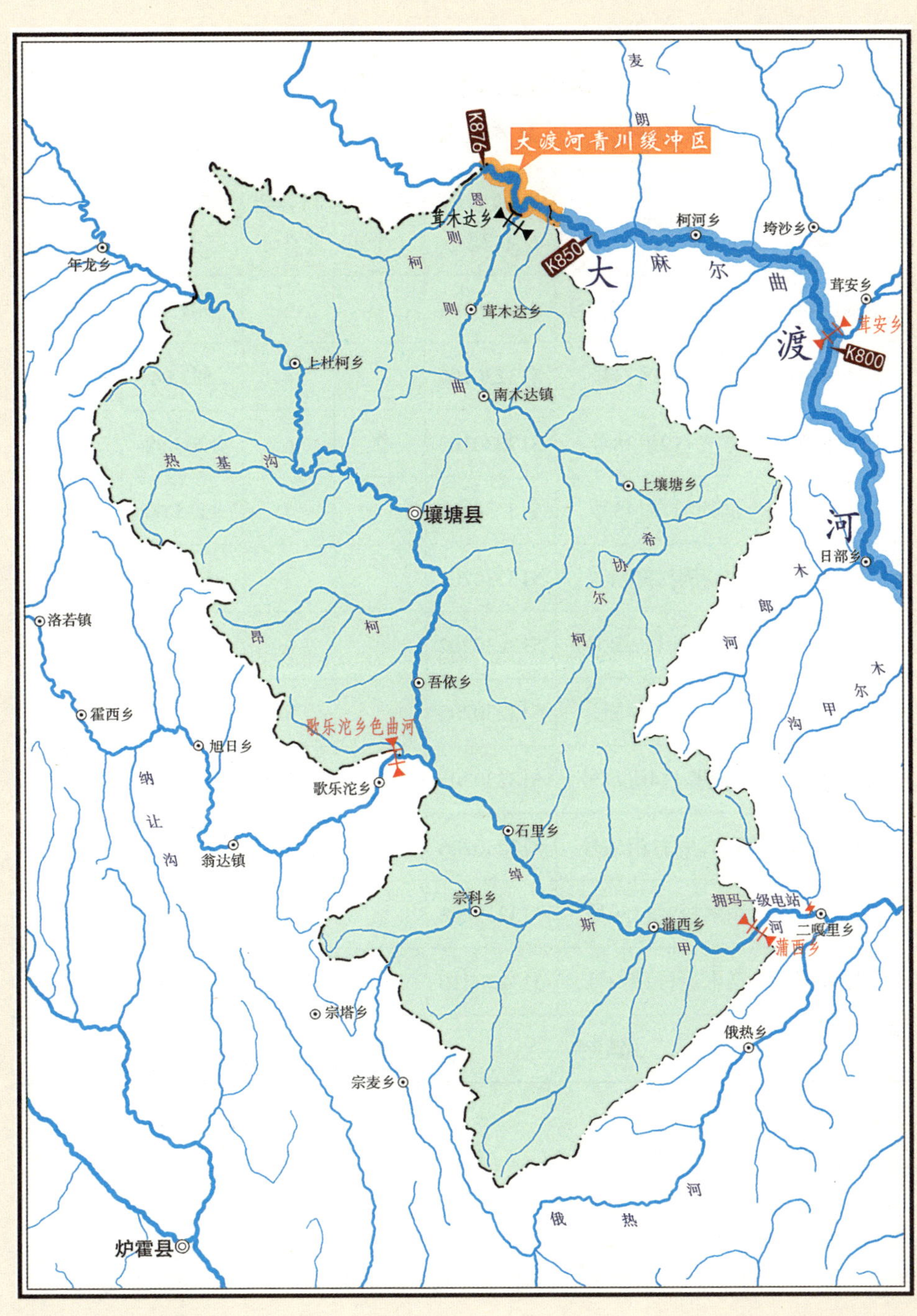

大渡河流域壤塘县

壤塘县（513230）

（人民政府驻地：岗木达镇　邮政编码：624300）

街道、镇、乡名称	驻地	行政区划代码	居委会（个）	村委会（个）	面积（平方千米）	户籍人口（万人）
南木达镇	南木达村谐多街5号	513230101		5	481.80	0.54
中壤塘镇	壤塘村1组74号	513230102		4	563.04	0.48
岗木达镇	章光村2组28号	513230103	2	6	1203.98	0.96
蒲西乡	浦西村2组43号	513230200		4	1135.00	0.25
宗科乡	加斯满村3组1号	513230201		3	547.64	0.29
石里乡	中达石沟村2组5号	513230202		5	363.30	0.20
吾伊乡	吾依村1组45号	513230203		5	538.00	0.33
上杜柯乡	吾克基村4组41号	513230205		5	975.00	0.41
茸木达乡	茸木达村1组59号	513230206		4	383.20	0.24
尕多乡	尕多村2组159号	513230208		5	313.17	0.60
上壤塘乡	雪木达村1组3号	513230210		5	465.00	0.34
合计	3镇8乡		2	51	6693.53	4.65

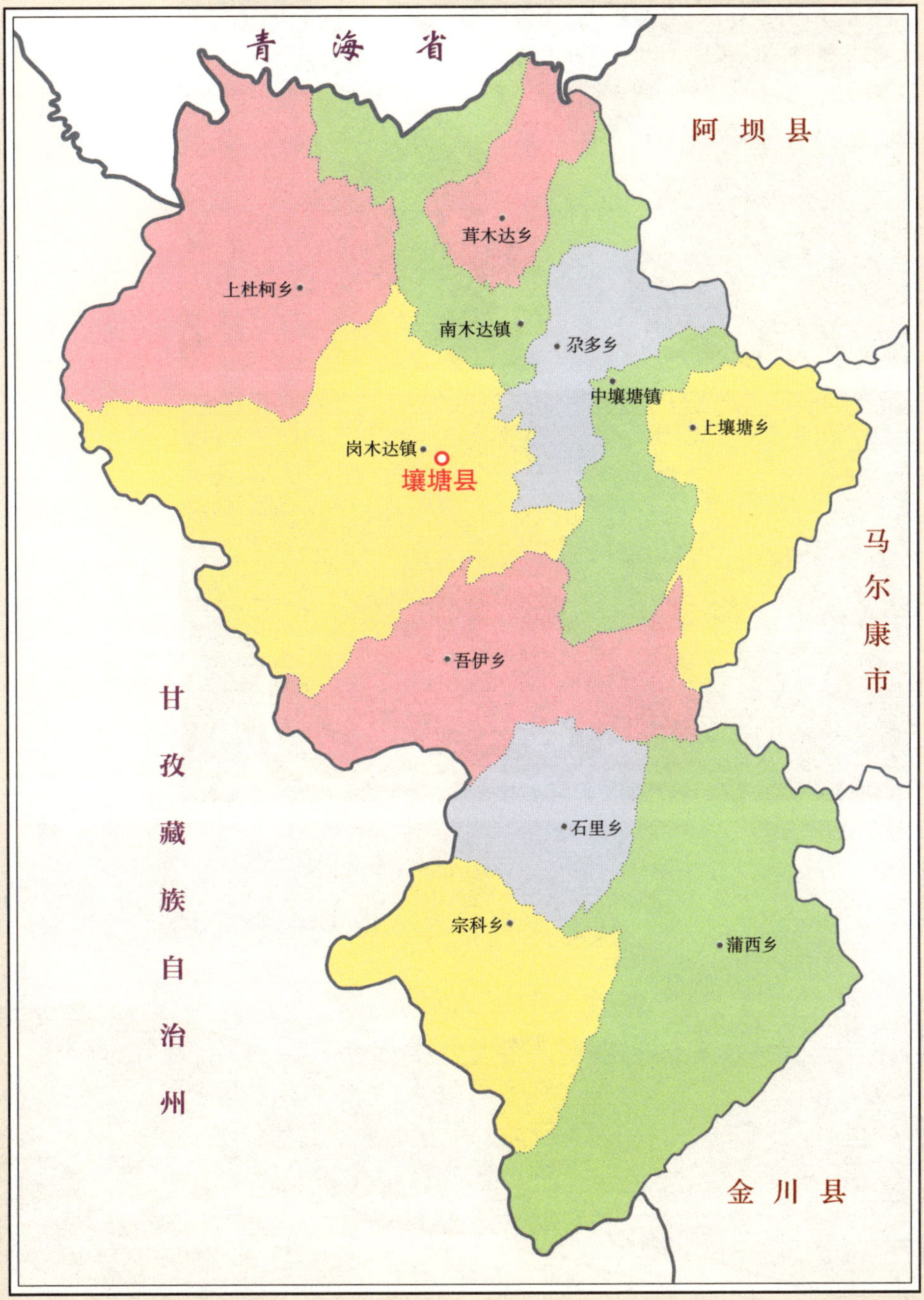

青海省

阿坝县

茸木达乡

上杜柯乡

南木达镇

尕多乡

中壤塘镇

上壤塘乡

岗木达镇

壤塘县

马尔康市

吾伊乡

甘孜藏族自治州

石里乡

宗科乡

蒲西乡

金川县

麻尔柯河与则曲河交汇处

壤塘县茸木达乡德萨村

壤塘县南木达镇阿甲村

壤塘县岗木达镇章光村 · 索朗吉木措

壤塘县岗木达镇昂科村

壤塘最高峰香拉东吉圣山5178米

壤塘县城全景

壤塘县城雪景

壤塘全景

壤塘县文化旅游景区（壤塘县中壤塘镇壤塘村）

壤塘县尕多乡热不卡村

壤塘县尕卡岭九倒拐

杜柯河边上的上杜柯乡

杜柯河边上的村庄

杜柯河畔的曾克寺

壤塘县吾伊乡

杜柯河畔

杜柯河畔

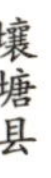

色曲河与多柯河汇合处，以下为绰斯甲河

悬崖藏寨

悬天修卡藏寨（壤塘县吾依乡修卡村）

壤塘县宗科乡甲斯曼村
《石波寨》

日斯满巴碉房（壤塘县宗科乡石波寨）

壤塘县宗科乡甲斯曼村《碉楼日斯曼巴》

红军长征在壤塘雕塑

以上照片由王东、一心、魏伟、罗让东周、覃光辉、程康、胡郁钢、常德、徐进等拍摄

阿坝县

过亚尔襄鄂至伊俄，右纳格浪河、左纳莫朗河、果朗沟；再东过柯河乡，左纳阿嘎木朵河，右纳亚朗河；至达格娘，左纳尼柯；过错昆后转南至夺沟，右纳目杰柯；又南至色尔古，左纳阿柯河，以下即称足木足河。南行又转东南，为阿坝县与马尔康市界河，左纳夺壤拉杂沟。

尼柯河。河长71千米，流域面积1194平方千米，多年平均流量13.9米^3/秒。

阿柯河。发源于青海省久治县多木措（湖）河源称多木塔（河）。东流转向西南流，经阿坝县城，在茸安乡职尕注入麻尔曲。全长154千米，流域面积4474平方千米，多年平均流量60.6米^3/秒。主要支流有打曲、四柯河、东柯河、作柯河等。

大渡河三维流域图——阿坝

阿坝县
红原县
壤塘县
大渡河青川缓冲区
K876
K850
K800
甲尔多乡
德格乡
麦尔玛镇
安羌乡
查理乡
柯河乡
垮沙乡
茸安乡
茸木达乡
南木达镇
上杜柯乡
上壤塘乡
查尔玛乡
剑科水库
大
渡
河
龙
尕
沟
作
柯
克
河
麦
朗
麻
尔
曲
艾
日
阿
若
不
庆
打
恩
则
贾
白
黑
木
岷
江
热
基
沟

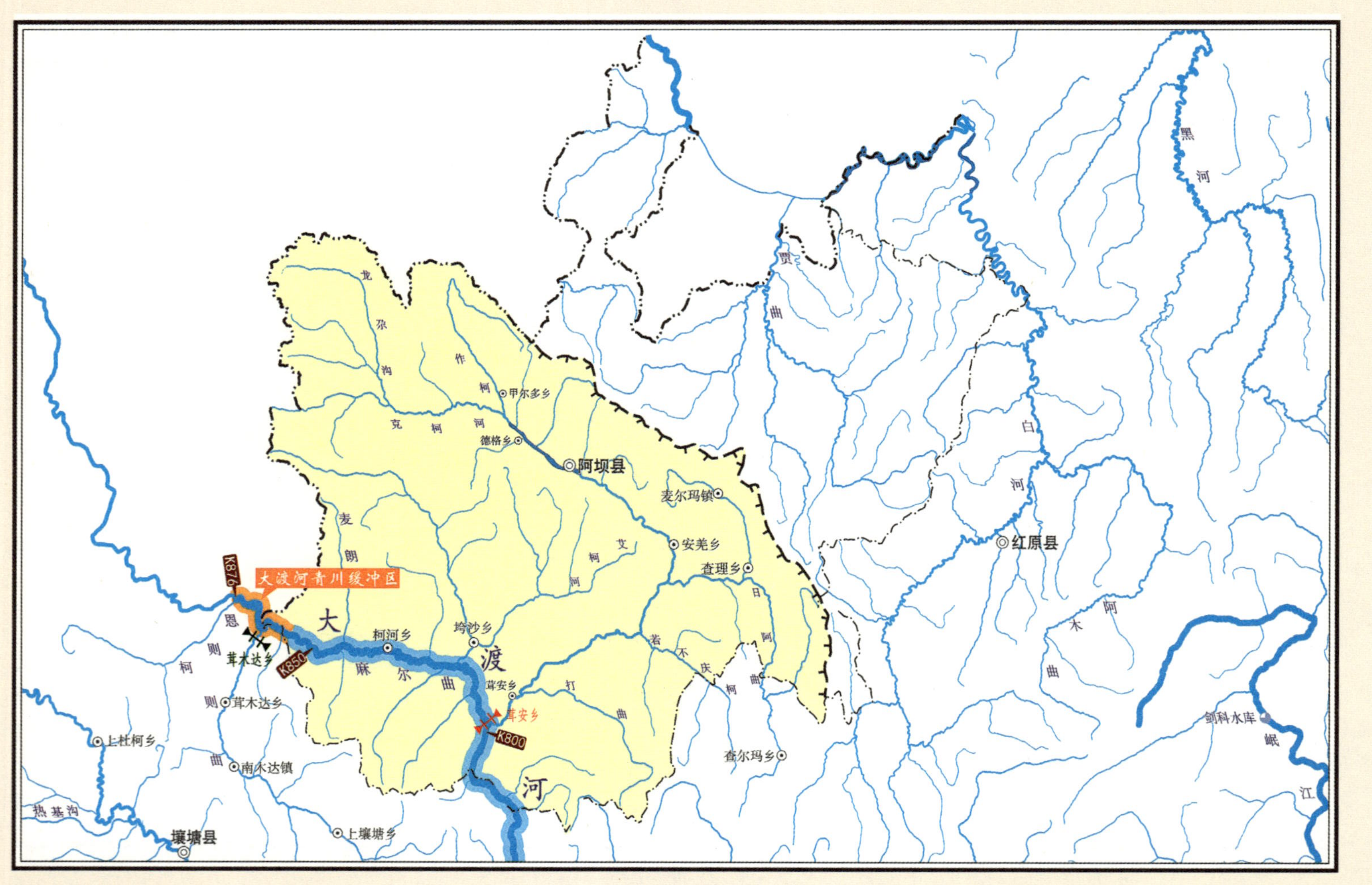

大渡河流域阿坝县

阿坝县（513231）

（人民政府驻地：阿坝镇　邮政编码：624600）

街道、镇、乡名称	驻地	行政区划代码	居委会（个）	村委会（个）	面积（平方千米）	户籍人口（万人）
阿坝镇	阿坝镇社区洽唐中街34号	513231100	1	11	651.52	1.61
贾洛镇	曼巴洛村扎西东路59号	513231101		8	1634.82	1.06
麦尔玛镇	色尔底村色尔底路94号	513231102		5	791.33	0.54
河支镇	河支村3组65号	513231103		5	341.17	0.58
各莫镇	俄休村各莫路14号	513231104		9	779.79	0.79
安羌镇	安羌村安羌街38号	513231105		8	956.27	0.58
麦昆乡	齐卡洛村4组雄洼东路3号	513231201		5	225.6	0.39
龙藏乡	塔拉村1组29号附1号	513231203		3	499.37	0.31
求吉玛乡	求吉玛村求吉路12号	513231204		3	656.43	0.40
四洼乡	下四洼村3组41号	513231208		3	197.1	0.30
安斗乡	华洛村沃里玛路25号	513231209		3	332.3	0.22
柯河乡	色日村1组30号	513231210		2	751.3	0.18
垮沙乡	垮山村2组1号	513231211		5	679.51	0.71
查理乡	塔哇村德青路249号	513231213		4	665.98	0.41
茸安乡	安坝村2组3号附1号	513231214		6	1004.43	0.30
合计	6镇9乡		1	80	10115.78	8.39

甘肃省
青海省
若尔盖县
求吉玛乡
属各莫镇
军分区牧场
属麦昆乡
属四洼乡
属阿坝镇
属龙藏乡
属阿坝镇
贾洛镇
四洼乡
龙藏乡
安斗乡
各莫镇
属阿坝镇
军分区牧场
河支镇
麦昆乡
阿坝县
阿坝镇
麦尔玛镇
属龙藏乡
属河支镇
属阿坝镇
安羌镇
查理乡
红原县
柯河乡
垮沙乡
茸安乡
壤塘县
黑水县
马尔康市

阿坝县柯河乡

柯河乡古碉

阿柯河源头年宝叶则5369米

流过阿坝县年宝叶则游客中心的龙尕曲

发源于年宝叶则的克曲

龙尕曲与尼柯河汇合处

阿坝县阿柯河流域

阿柯河流过阿坝草原

阿坝县各莫寺

阿坝县郎依寺晨曦

阿柯河边的茸安乡

麻尔柯河与阿柯河交汇

阿坝县阿柯河草场

阿坝县城

阿坝县城

以上照片由常德、程康、胡郁钢等拍摄

马尔康市

大渡河（足木足河）至射江转南入马尔康市境，至日部乡，右纳木郎沟。转东南过康山（达维），右纳木尔甲河，协果沟，左纳热水塘沟、科拉基沟；再右纳马尔达布沟、阿拉林沟；又过三大坪转东南行，左纳茶堡河；南过足木足乡，此处有足木足水文站控制流域面积19896平方千米，多年平均流量231米^3/秒，水位变幅5.9米；过站南流，左纳梭磨河，右纳玛绰沟。

茶堡河。河长70千米，流域面积1234平方千米，多年平均流量14.4米^3/秒。

梭磨河。足木足河左岸一级支流，发源于红原县壤口乡境内的羊拱山西北麓，壤口以上称壤口尔曲，壤口以下称梭磨河。流经刷经寺、梭磨、马尔康、松岗、白湾乡、脚木足乡，于热足下游2千米处汇入足木足河。河流全长186千米，流域面积3014平方千米，多年平均流量58.9米^3/秒。

大渡河三维流域图——马尔康市

K800
南木达镇
查尔玛乡
大
渡
河
上壤塘乡
希
协
尔
柯
日部乡
木
郎
河
木
尔
甲
沟
K750
康山乡
草登乡
（脚
木
足
河）
阿
拉
林
龙尔甲乡
壤口乡
大藏乡
丛恩电站
茶
堡
河
梭
磨
河
新康猫大桥
刷经寺镇
大
黑
水
K700
脚木足乡
马尔康市
小水沟
热足电站
石里乡
绰
斯
甲
木尔宗乡
集沐乡周山村点
拥玛一级电站
二嘎里乡
蒲西乡
河
蒲西乡
太阳河一级电站
白湾乡
大渡河甘孜、雅安、乐山保留区
K650
太阳河乡
太
阳
河
集沐乡
砍
竹
沟
俄热乡
杨家湾电站
卡拉脚乡
撒
瓦
脚
沟
小
金
川
毛日乡
庆宁乡
大金
杂
谷
脑
河
狮子坪水库

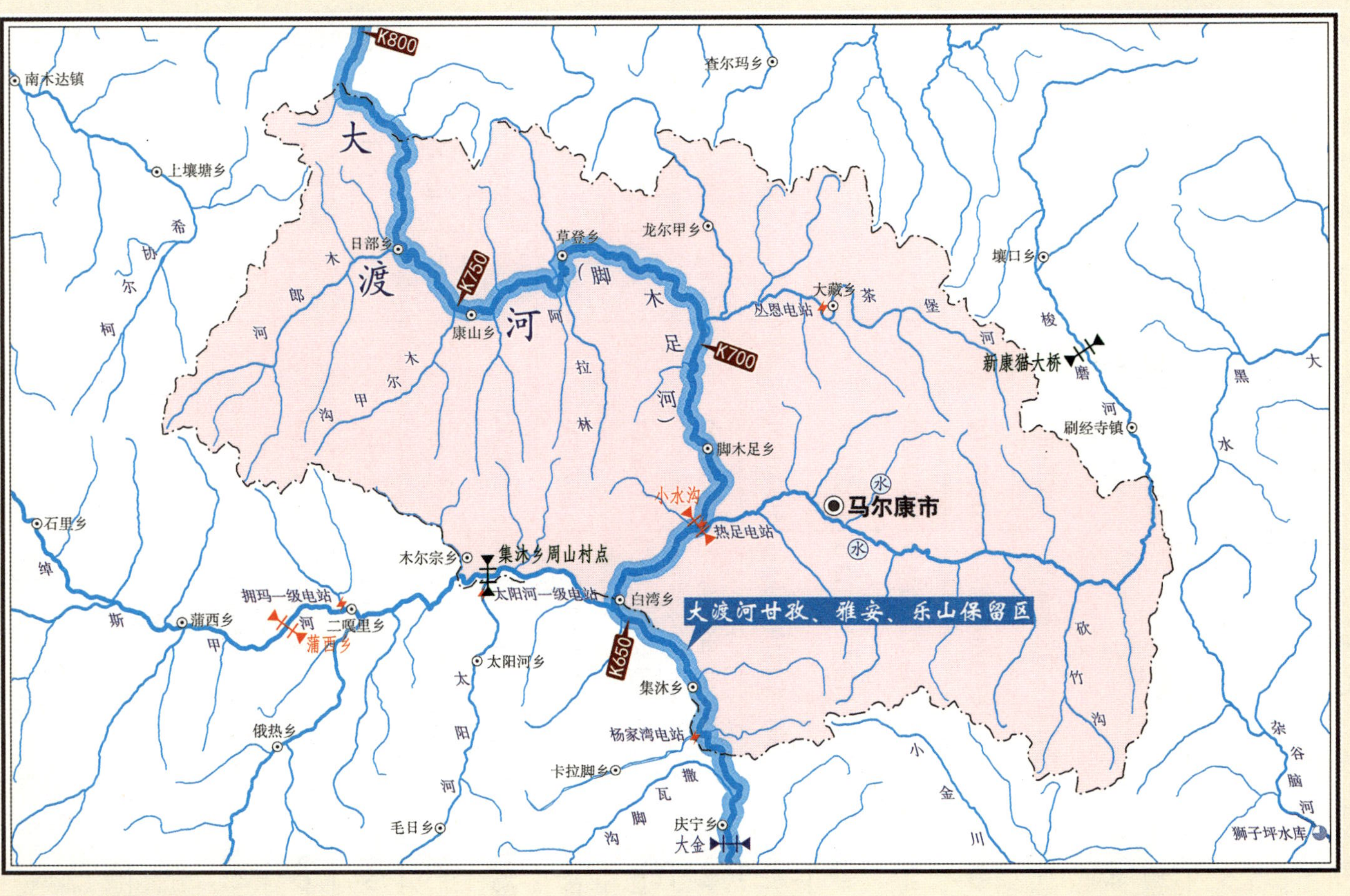

大渡河流域马尔康市

马尔康市（513201）

（人民政府驻地：马尔康镇　邮政编码：624000）

街道、镇、乡名称	驻地	行政区划代码	居委会（个）	村委会（个）	面积（平方千米）	户籍人口（万人）
马尔康镇	马江社区马江街65号	513201100	3	11	652.00	2.49
松岗镇	松岗村1组13号	513201102		7	249.23	0.22
沙尔宗镇	沙尔宗村1组克莎街45号	513201103		6	385.76	0.21
梭磨乡	木尔溪村1组嘉绒街13号	513201200		6	1093.30	0.24
白湾乡	石广东村1组3号	513201201		9	262.08	0.27
党坝乡	党坝村龙盘街2号	513201202		8	326.67	0.26
木尔宗乡	木尔多村1组木尔宗街1号	513201203		5	216.32	0.14
脚木足乡	沙市村格萨街20号	513201204		10	431.54	0.37
龙尔甲乡	尕脚村1组35号	513201206		7	354.61	0.16
大藏乡	打扒村雪莲街3号	513201207		4	408.40	0.11
康山乡	黄娅村达维街4号	513201208		5	651.80	0.16
草登乡	代基村寺庙街5号	513201209		8	565.93	0.33
日部乡	中热村1组中热街40号	513201210		8	958.13	0.38
合计	3镇10乡		3	94	6620.46	5.33

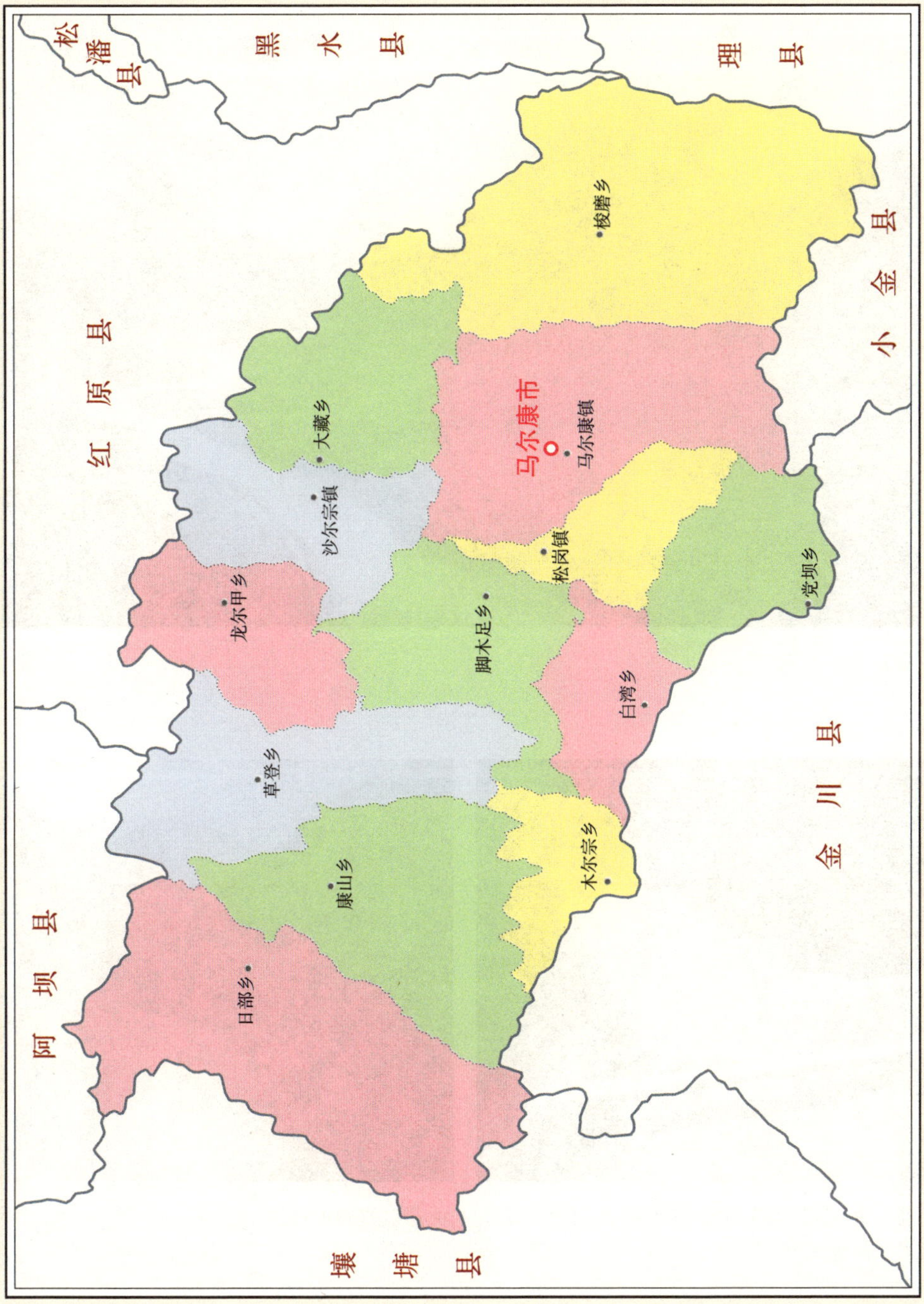

马尔康市

松潘县
黑水县
理县
小金县
红原县
阿坝县
壤塘县
金川县

马尔康镇
梭磨乡
大藏乡
沙尔宗镇
松岗镇
党坝乡
龙尔甲乡
脚木足乡
白湾乡
草登乡
康山乡
木尔宗乡
日部乡

马尔康脚木足

经马尔康市大藏乡沙尔宗镇流出的溪流汇入脚木足河

峡谷中的脚木足河

阿来旧居

鹧鸪山

梭磨大峡谷

汶马高速马尔康段

雪马山4886米

卓克基镇代修村

卓克基

卓克基

卓克基

远眺马尔康

马尔康市全景

马尔康市柯盘天街景区

马尔康俄尔雅村

马尔康市松岗镇《群碉》

马尔康市松岗镇

昌列寺

昌列山

马尔康党坝

天宝家乡党坝乡悉木斯曼村

天宝家乡

以上照片由李容兵、程康、靳东、常德、周利庚、魏伟、泽尔登、杨桦、胡郁钢等拍摄

红原县（513233）

（人民政府驻地：邛溪镇　邮政编码：624400）

街道、镇、乡名称	驻地	行政区划代码	居委会（个）	村委会（个）	面积（平方千米）	户籍人口（万人）
邛溪镇	瑞庆社区桑青路14号	513233100	2	5	937.00	1.17
刷经寺镇	刷经寺镇社区大南街10号	513233101	1	3	1199.00	0.35
瓦切镇	德香村央周南路1号	513233102	1	5	993.30	0.65
安曲镇	哈拉玛村友谊路34号	513233103		3	886.00	0.37
色地镇	茸塔玛村措隆路桑青巷2号	513233104		3	1178.00	0.61
龙日镇	格玛村格玛拉龙路1号	513233105		3	632.00	0.24
江茸乡	江宫玛村富强中街6号	513233202		2	515.00	0.13
阿木乡	峨扎村光明路9号	513233204		2	905.00	0.28
麦洼乡	洞拉村夺康路154号	513233206		2	553.00	0.39
查尔玛乡	达尔龙村幸福南街5号	513233208		3	607.53	0.21
合计	6镇4乡		4	31	8291.73	4.40

阿坝县
甘肃省
若尔盖县
瓦切镇
麦洼乡
色地镇
阿坝县
阿木乡
邛溪镇
红原县
安曲镇
松潘县
龙日镇
查尔玛乡
江茸乡
壤口乡
黑水县
马尔康市
刷经寺镇
茂县
理县
金川县
小金县

黄河 长江
分水岭
water shed

红原县俄木塘花海

梭磨河源头察冬卡4760米

查针梁子

以上照片由段金晶、魏伟、红原县志办等拍摄

金川县

足木足河转西南过白湾乡，于双江口右纳绰斯甲河，以下称大金川，为马尔康市与金川县之界河；右纳可尔因沟，转东南流，左纳米洞沟，南至党坝乡，右纳卡拉脚沟，左纳盘龙河，又南入金川县境，右纳撒瓦脚沟，其下咯尔乡处有大金水文站，控制流域面积40484平方千米，多年平均流量520米^3/秒，水位变幅6.4米。再下南至金川县城东，左纳西里寨沟，又西南行，右纳独松沟，曲折南行，右纳协斯曼沟，至安宁乡，右纳色斯满沟，左纳安宁沟、炭厂沟、曾达沟。

绰斯甲河。源于青海省达日县下红科乡旺阿村，上游称杜柯河（多柯河）。自色达县东北进入四川省境，向东南流经壤塘，在黑桥接纳自色达县流出的色曲后始称绰斯甲河，渐转东流，入金川县境，经二嘎里乡，于金川可尔因注入与足木足河。全长259千米，流域面积13459平方千米，金川段长55.6千米，流域面积7183平方千米，是大渡河上游最大支流。主要支流有来自色达县的色曲和来自道孚的俄日河。

俄日河（玉曲）。源于道孚县东折多山北端海子山。上源称七美柯，北流左纳曲龙沟，北过七美、玉科，沿程多有温泉出露。右纳七格柯，左纳穷柯（其右支为查隆柯）；以下始称玉曲。又北过银恩乡，左纳嘎柯；以下转向东流，入金川县境。东至二楷，右纳大莫孜沟；转东北行，左纳模斯阔沟、郎通沟；至俄热，右纳二安沟。又至科山，转北左纳颇拉喀沟，东北进入二嘎里乡，汇入绰斯甲河。河长124千米，流域面积1887平方千米，多年平均流量34.1米^3/秒。金川县段上起于金川县俄热乡与甘孜州道孚县交界处的二楷村青杠湾，下止于二嘎里乡雅夏村同绰斯甲河汇合处，金川县范围内河长58千米，流域面积781平方千米，流经金川县俄热乡、二嘎里乡。

支流县

色达县

色曲。源头在境内海拔4860米的恰依岗娘。色吾沟、拖汝沟与拥拉沟在竹日康夺汇合后始称色曲。由西北向东流经县城、色塘、色尔坝，在壤塘县境注入杜柯河。境内全长183千米，流域面积3200平方千米，落差1000米。

炉霍县

宗科河（宗柯）。源出炉霍县宗麦乡，西南流至宗塔乡，流入阿坝州壤塘县，经宗科乡，流入绰斯甲河。全长36.9千米，流域面积2700平方千米。

道孚县

俄热河。源出道孚县七美乡，全长124千米，流域面积1887平方千米。俄热河在道孚境内被称作玉曲河，河长68千米，主要流经道孚县七美乡、玉科镇、银恩乡等乡镇。

沙冲沟。发源于道孚县沙冲乡策曼都，向东南依次流经吉亚、日阿吉、尽头寨、比里、巴尔寨、斯马瓦、沙冲、下寨等地，于巴尔吾村折向东流，于龙金洪出道孚进入丹巴县境内，经东谷乡汇入东谷河。沙冲沟全长18千米，流域面积756平方千米，多年平均流量15.98米^3/秒。

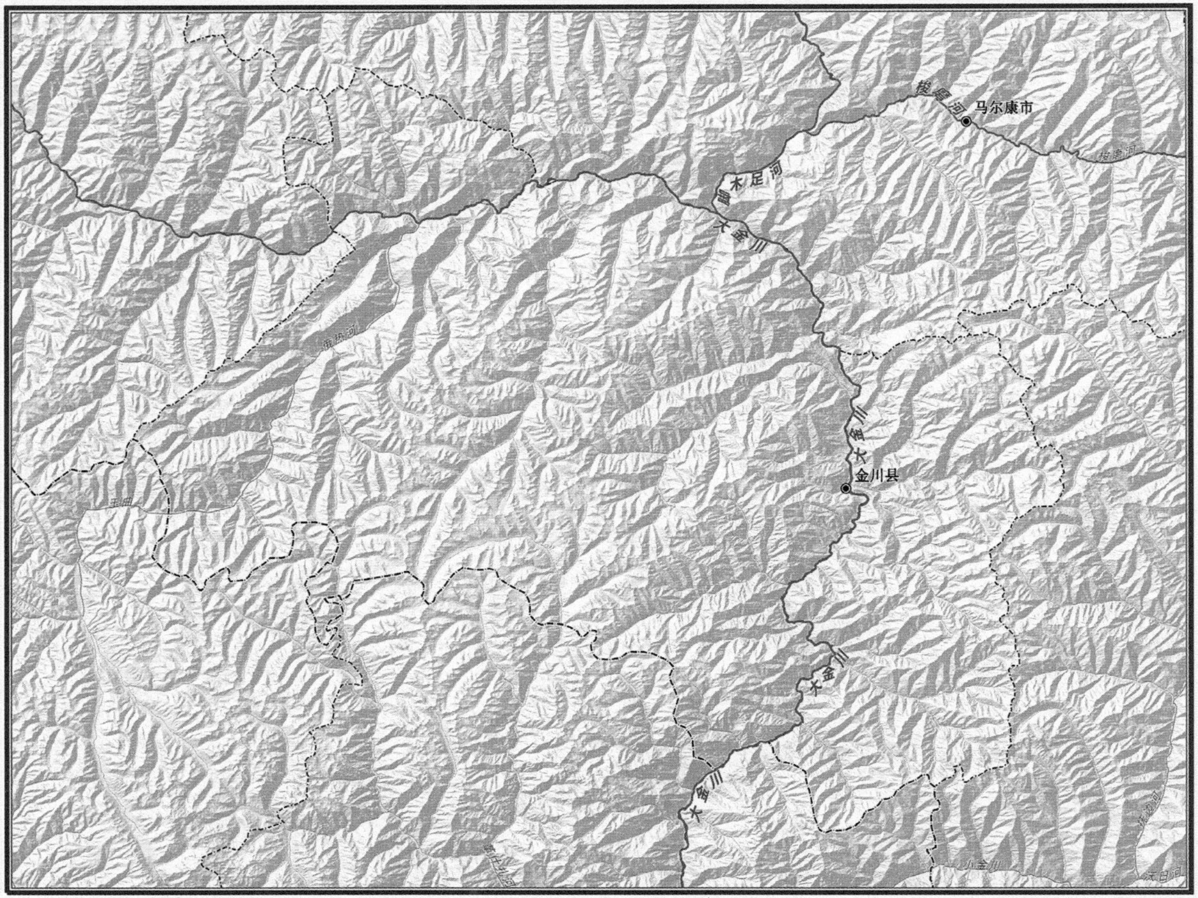

大渡河三维流域图——金川县

大渡河甘孜、雅安、乐山保留区
马尔康市
金川县
大
渡
河
K650
K600
K550
集沐乡周山村点
马尔邦碉王山庄
新格乡松矶砂石场
歌乐沱乡色曲河
小水沟
热足电站
太阳河一级电站
拥玛一级电站
蒲西乡
杨家湾电站
南街电站
木坡电站
猛固桥电站
结马电站
中马厂水电站
脚木足乡
歌乐沱乡
石里乡
宗科乡
蒲西乡
宗塔乡
宗麦乡
俄热乡
木尔宗乡
白湾乡
二嘎里乡
太阳河乡
集沐乡
卡拉脚乡
庆宁乡
大金
毛日乡
阿科里乡
银恩乡
独松乡
卡撒乡
曾达乡
七美乡
丹东乡
边耳乡
巴底镇
新格乡
两河镇
两河口镇
抚边乡
八角乡
沃日镇

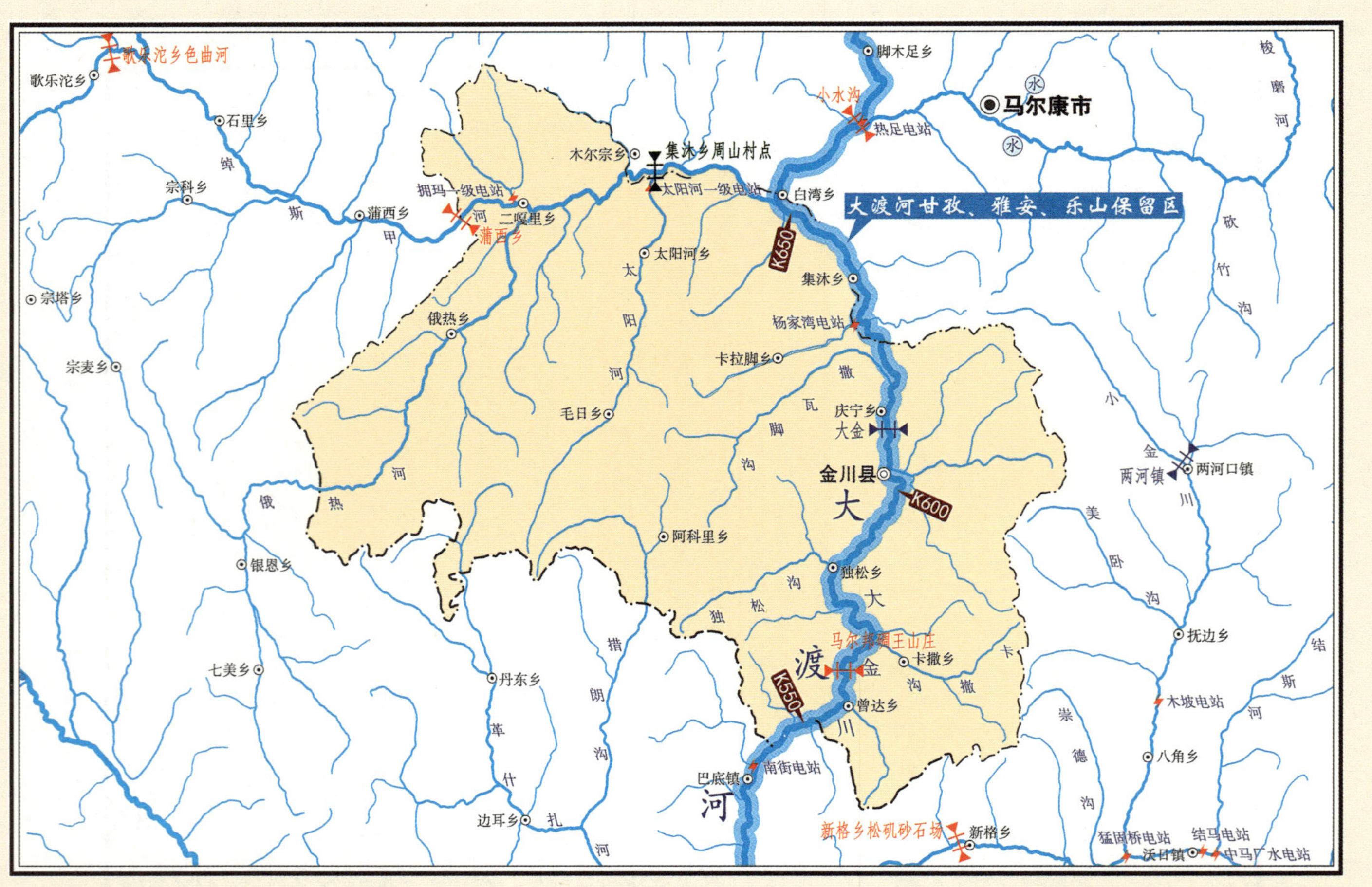

大渡河流域金川县

金川县（513226）

（人民政府驻地：勒乌镇　邮政编码：624100）

街道、镇、乡名称	驻地	行政区划代码	居委会（个）	村委会（个）	面积（平方千米）	户籍人口（万人）
观音桥镇	观音桥镇新街10号	513226101		6	558	0.30
安宁镇	安宁村城隍庙后街2号	513226102		4	165	0.37
勒乌镇	前锋村1组112号	513226103	3	10	609.30	1.89
马奈镇	八角塘村2组87号	513226104		4	214.8	0.24
沙耳乡	沙耳尼村1组204号	513226200		4	54.80	0.66
庆宁乡	庆宁村1组27号	513226201		3	57.44	0.27
咯尔乡	复兴村1组78号	513226202		4	130.50	0.54
河东乡	八字口村2组32号	513226205		3	71.70	0.14
河西乡	甲咱村2组62号	513226206		5	49.40	0.34
集沐乡	雅京村2组36号	513226207		4	213.90	0.18
撒瓦脚乡	木赤村1组18号	513226208		2	170.90	0.11
卡拉脚乡	玛目都村2组44号	513226209		3	131.30	0.11
俄热乡	英布汝村1组86号	513226210		6	741.70	0.32
二嘎里乡	二嘎里村2组54号	513226212		5	346.60	0.28
阿科里乡	铁基村2组46号	513226213		2	458.50	0.16
卡撒乡	巴拉塘村4组60号	513226215		6	228.30	0.38
曾达乡	曾达村3组98号	513226216		5	164.30	0.31
独松乡	卡拉塘村1组15号	513226217		4	282.20	0.20
毛日乡	毛日村1组56号	513226220		5	785.70	0.25
合计	4镇15乡		3	85	5355.44	7.04

马尔康市
壤塘县
小金县
甘孜藏族自治州
二嘎里乡
观音桥镇
集沐乡
俄热乡
卡拉脚乡
毛日乡
庆宁乡
撒瓦脚乡
咯尔乡
沙耳乡
金川县
勒乌镇
河西乡
河东乡
独松乡
阿科里乡
安宁镇
马奈镇
卡撒乡
曾达乡

金川县阿科里乡情人海

来自道孚县玉科草原的俄热河在金川县二嘎里流入绰斯甲河

金川县太阳河

金川县观音桥太阳河河口

四川金川县绰斯甲河与太阳河汇合处

金川县观音桥太阳河

观音寺

金川县观音桥镇

索乌山风光

日照藏寨

金川县双江口（右上绰斯甲河，右下为脚木足河，汇合成为大金川）

远眺大金川河（马尔康党坝乡段）

河岸春色

金川神仙包

金川县咯尔乡

四川世外梨园金川县沙耳乡

金川夜色

金川河谷

四川金川县城全貌

金川县勒乌镇云盘村

大金川河谷

安宁乾隆御碑亭

安宁乾隆御碑

广法寺

金川县广法寺

四川金川县大金川河畔的广法寺

年美西饶坚赞故乡

中国碉王

以上照片由泽尔登、常德、胡郁钢、代永清、程康、张云峰等拍摄

色达县（513333）

（人民政府驻地：色柯镇　邮政编码：626600）

街道、镇、乡名称	驻地	行政区划代码	居委会（个）	村委会（个）	面积（平方千米）	户籍人口（万人）
色柯镇	光明社区约若二村南捷大道36号	513333100	4	8	825.31	0.37
翁达镇	翁达村尼崩适雅街17号	513333101		6	239.33	0.20
洛若镇	阿交社区下洛若村泥曲路3号	513333102	1	11	537.84	0.46
泥朵镇	查哈尔干玛村泥朵北街34号2栋	513333103		12	1241.59	0.50
甲学镇	甲学村甲学街4号	513333104		8	373.56	0.14
克果乡	泽西要村祥瑞街46号	513333201		8	387.93	0.45
然充乡	呷吉村然充街21号	513333202		8	725.51	0.35
康勒乡	翁扎二村约玛塘街25号	513333203		7	297.51	0.28
大章乡	嘎志玛一村大章街19号3礴1单元1楼1号	513333204		8	1382.97	0.31
大则乡	厚门村大则街4号	513333205		8	597.99	0.37
亚龙乡	下邱果一村亚龙街9号	513333206		8	382.89	0.33
塔子乡	蚌珠村塔洛路21号	513333207		9	458.78	0.32
年龙乡	日撒玛村年龙街62号	513333208		4	751.75	0.30
霍西乡	勒柯村霍西新街24号	513333210		11	814.68	0.51
旭日乡	旭日村旭日街14号	513333211		6	165.09	0.25
杨各乡	麦旭村南街5号	513333212		7	149.22	0.28
合计	5镇11乡		5	129	8724.65	5.49

青海省
大章乡
泥朵镇
年龙乡
阿坝藏族羌族自治州
克果乡
色达县
色柯镇
康勒乡
亚龙乡
大则乡
洛若镇
塔子乡
然充乡
德格县
霍西乡
旭日乡
杨各乡
甲学镇
翁达镇
甘孜县
炉霍县
道孚县
白玉县
新龙县

色曲（色尔曲）流过金马草原

色达县草原上的小河

金马草原上的东嘎寺

色达县年龙寺

金马草原的涓涓溪流

色达县城

色达金马草原慢悠悠的河水

沿河的村道

色曲边上的金马草原

色曲

色曲边上的洛诺镇

色曲湿地

色尔坝镇

色曲边流过的村庄

以上照片由程康、胡郁钢等拍摄

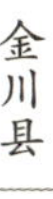

炉霍县（513327）

（人民政府驻地：新都镇　邮政编码：626500）

街道、镇、乡名称	驻地	行政区划代码	居委会（个）	村委会（个）	面积（平方千米）	户籍人口（万人）
新都镇	章古社区沿河东街上段2号	513327100	4	15	44.98	0.45
朱倭镇	朱倭村布托组8号	513327101		8	89.86	0.26
上罗科马镇	加依达牧民定居定36号	513327103		7	389.83	0.25
虾拉沱镇	虾拉沱村1组81号	513327104		18	188.70	0.26
泥巴乡	真都村真都组1号	513327200		8	124.73	0.25
雅德乡	瓦角村1组29号	513327201		12	99.66	0.28
洛秋乡	泽玛瑭定居定76号	513327202		6	806.00	0.26
仁达乡	仁达村仁达组16号	513327205		6	115.24	0.25
旦都乡	秋所村3组34号	513327207		8	127.08	0.28
充古乡	卡萨村1组13号	513327208		9	35.29	0.17
更知乡	瓦亚村觉日组7号	513327209		10	430.00	0.18
卡娘乡	其玛贡村1组6号	513327210		7	395.00	0.13
宗塔乡	宗瓦村1组107号	513327211		6	332.00	0.22
宗麦乡	呷麦村1组116号	513327212		11	874.00	0.32
下罗科马乡	墨青康都定居点1组8号	513327214		8	548.00	0.35
合计	4镇11乡		4	139	4476.87	4.22

色达县
色达县
阿坝藏族羌族自治州
甘孜县
卡娘乡
宗塔乡
属更知乡
更知乡
充古乡
朱倭镇
上罗柯马乡
宗麦乡
旦都乡
属更知乡
下罗柯马乡
泥巴乡
雅德乡
属洛秋乡
洛秋乡
炉霍县
新都镇
宜木乡
属洛秋乡
斯木镇
属下罗柯马乡
仁达乡
新龙县
道孚县

宗麦乡境内的宗柯河，经炉霍县宗塔乡两河口电站后进入阿坝州金川县的宗科乡，流入绰斯甲河。

宗柯河

炉霍县宗塔草原

鸟瞰炉霍县宗塔草原

以上照片由益西次里、程康、杨孝康等拍摄

道孚县（513326）

（人民政府驻地：鲜水镇　邮政编码：626400）

街道、镇、乡名称	驻地	行政区划代码	居委会（个）	村委会（个）	面积（平方千米）	户籍人口（万人）
鲜水镇	卡娘村1组28号	513326100	1	11	284.47	0.69
八美镇	八美社区泰宁街26号	513326101	1	8	280.63	0.45
亚卓镇	各布村1组27辆	513326102		8	421.80	0.24
玉科镇	银克村希望路8号	513326104		4	475.06	0.25
仲尼镇	亚拉坎村1组21号	513326105		6	297.61	0.12
瓦日镇	孟拖村1组1号	513326107		6	122.35	0.18
泰宁镇	街村2组17号	513326106		6	334.24	0.36
麻孜乡	菜孜坡1组35号	513326201		11	266.93	0.41
孔色乡	金卡村1组27号	513326202		10	207.84	0.28
葛卡乡	甲拔村1组72号	513326203		7	326.73	0.27
扎拖乡	波罗塘村1组1号	513326207		4	146.32	0.14
下拖乡	目瓦然村1组1号	513326208		5	244.87	0.12
木茹乡	瓦达村1组14号	513326210		4	284.59	0.12
甲斯孔乡	卡美村1组4号	513326211		6	976.29	0.24
七美乡	道二路31号	513326213		3	514.28	0.23
银恩乡	玉梵路18号	513326214		4	559.58	0.24
龙灯乡	一村1组11号	513326216		6	366.00	0.26
色卡乡	建巴村1组31号	513326218		6	426.17	0.33
沙冲乡	下寨村1组13号	513326219		3	517.24	0.10
合计	7镇12乡		2	118	7021.60	5.02

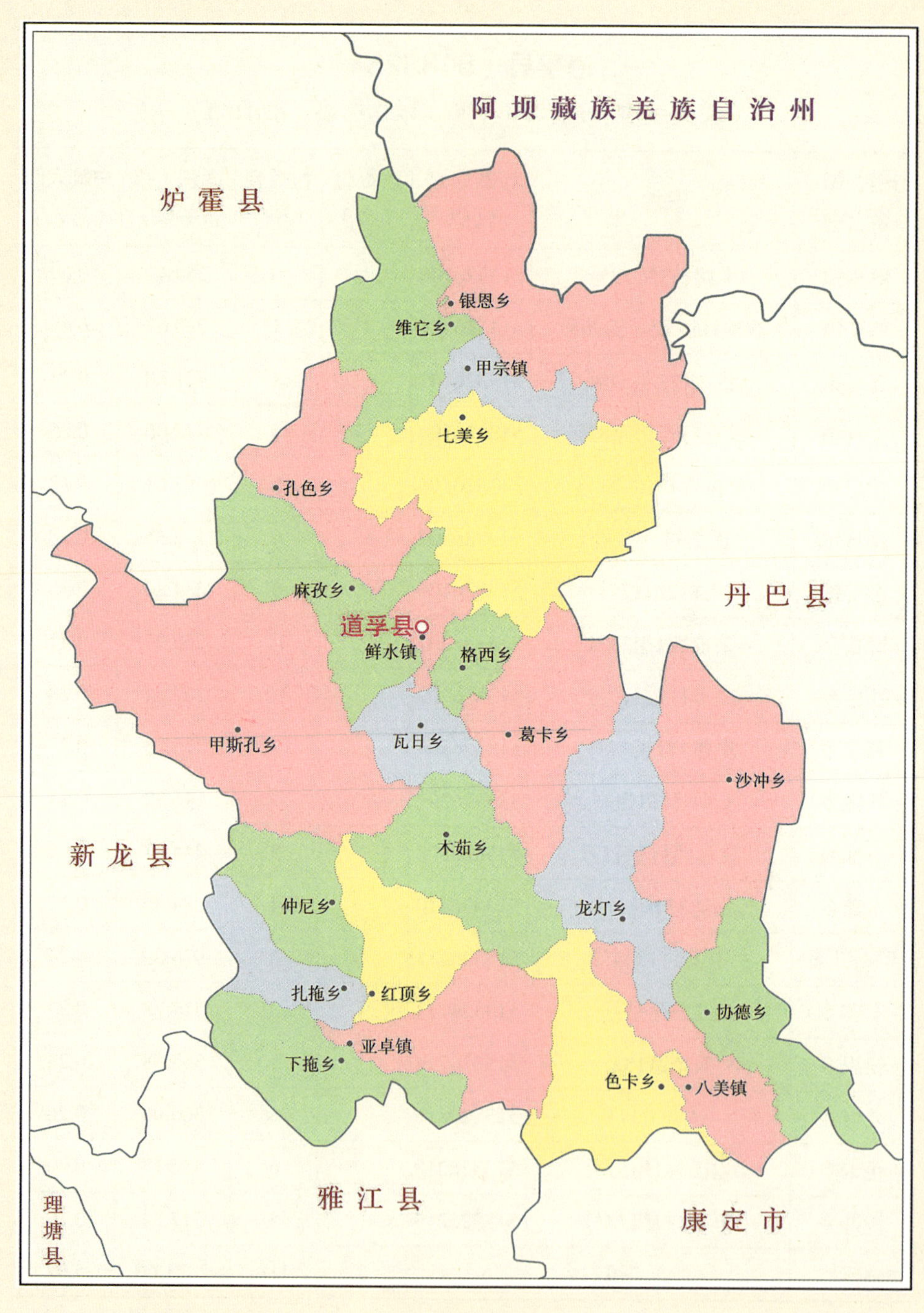
阿坝藏族羌族自治州
炉霍县
银恩乡
维它乡
甲宗镇
七美乡
孔色乡
丹巴县
麻孜乡
道孚县
鲜水镇
格西乡
甲斯孔乡
瓦日乡
葛卡乡
沙冲乡
新龙县
木茹乡
仲尼乡
龙灯乡
扎拖乡
红顶乡
协德乡
亚卓镇
下拖乡
色卡乡
八美镇
雅江县
康定市
理塘县

流经道孚县玉科草原的俄热河在金川县二嘎里汇入绰斯甲河

以上照片由杨孝康等拍摄

丹巴县

大金川向下转西南为金川、丹巴二县界河；左纳沈足沟；过耿扎，入丹巴县境，右纳甲斯沟。南过巴底镇，左纳麦尔沟，右纳二甲沟、水卡子沟，又左纳燕尔岩沟，南过巴旺乡后，右纳革什扎河，在丹巴县城北又右纳东谷河，城东又左纳小金川，始称大渡河。此处有丹巴水文站控制流域面积52738平方千米，多年平均流量743米^3/秒，水位变幅10.6米。

革什扎河。主源发源于金川县境内赫朴伦沟，自北向南经藏木道纳入玛耳沟后称格希沟，继续南流过热水塘，至丹东与右岸支沟雀儿沟汇合后称边耳沟，后流经三十班、热洛等地，在两河口右岸纳入党岭河后始称革什扎河。革什扎河折向东南，过边耳、火地，至二瓦槽于左纳磨子沟，后经大桑、杨柳坪、布科等地，于索断桥汇入大金川。干流全长99千米，流域面积2520平方千米。

东谷河。发源于道孚县境内大雪山以及丹巴、康定、道孚交界的雅拉雪山，河流分为两源，南源称牦牛河，西源为沙冲沟，至陡水岩处两河汇合后即称为东谷河。自西南往东北方向经东谷镇、章谷镇后于丹巴县城西端注入大金川。东谷河全长87千米，天然落差约350米，流域面积1837平方千米，多年平均流量38.8米^3/秒。主源牦牛河台站沟至陡水岩汇口，河长40.97千米，天然落差1303米；次源沙冲沟的祖尤沟口至陡水岩汇口，河长15.5千米，天然落差575米；东谷河干流陡水岩至河口，河长22.5千米，天然落差363米。

大渡河三维流域图——丹巴县

金川县
K600
阿科里乡
俄热河
独松乡
独松沟
大
马尔邦碉王山庄
卡撒乡
金
卡撒沟
K550
大
曾达乡
川
丹东乡
措朗沟
革什扎河
南街电站
巴底镇
边耳乡
新格乡松矶砂石场
新格乡
巴旺乡
燕窝沟二级电站
渡
聂呷乡佛爷岩
革什扎镇
吉牛电站
丹巴县
关州水电站
竹子沟
东谷电站
K500
沙冲乡
东谷乡
格宗乡
汗牛乡
国如电站
汗牛河水库
东谷河
河
奎拥沟
野牛沟
孔玉乡
二里沟电站
火地电站
猴子岩电站
K450
庆达沟
巴郎口电站
华山沟水库
华山沟电站
高尔沟
三道桥电站
谢家沟电站
拐子沱电站

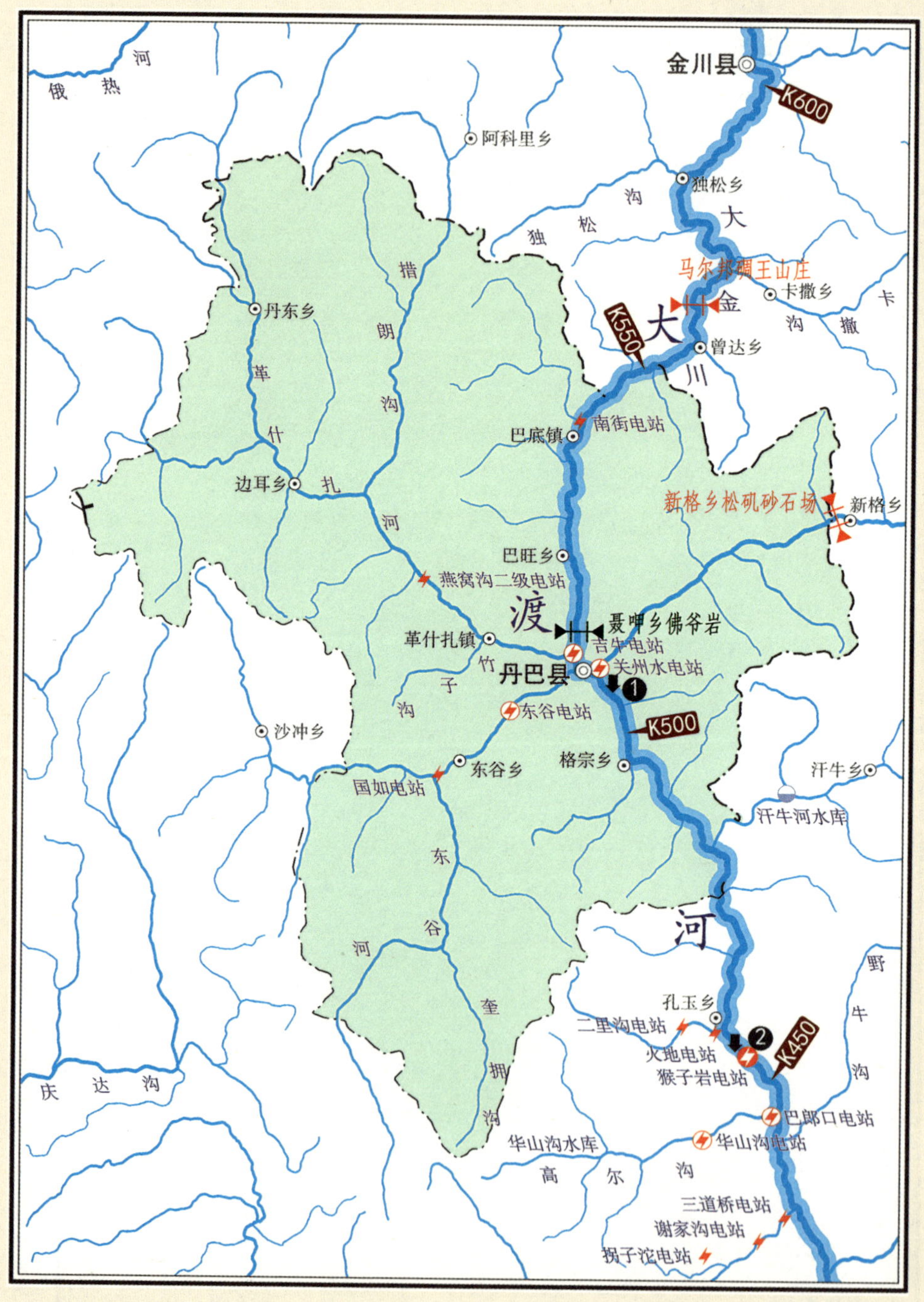

大渡河流域丹巴县

丹巴县（513323）

（人民政府驻地：章谷镇　邮政编码：626300）

街道、镇、乡名称	驻地	行政区划代码	居委会（个）	村委会（个）	面积（平方千米）	户籍人口（万人）
章谷镇	水子一村1组7号	513323100	4	8	87.01	1.49
巴底镇	齐鲁村1组112号	513323101		16	498.17	0.47
革什扎镇	桌斯尼村3组59号	513323102		14	364.38	0.44
东谷镇	东谷村1组52号	513323103		10	1043.10	0.43
墨尔多山镇	岳扎坝村1组39号	513323104		17	105.07	0.66
甲居镇	聂呷村4组17号	513323105		11	53.21	0.38
格宗镇	格宗村2组17号	513323106		9	356.01	0.39
半扇门镇	半扇门一村1组41号	513323107		16	249.26	0.45
丹东镇	丹东村1组80号	513323108		10	1438.48	0.33
巴旺乡	光都村1组90号	513323201		8	162.36	0.21
梭坡乡	莫洛村2组28号	513323209		8	127.38	0.30
太平桥乡	太平桥村1组13号	513323213		9	171.60	0.41
合计	9镇3乡		4	136	4506.31	5.96

阿坝藏族羌族自治州
丹东镇
巴底镇
太平桥乡
半扇门镇
巴旺乡
甲居镇
墨尔多山镇
革什扎镇
章谷镇
丹巴县
梭坡乡
道孚县
东谷镇
格宗镇
康定市

大渡河峡谷中的丹巴县城

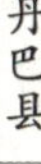

丹巴县城

枯水期大渡河畔的丹巴县城

丹巴新区

大金川与东谷河

章谷镇大风湾

三岔河·烈士纪念碑

巴底镇

巴底镇邛山官寨

巴底镇

以上照片由李永安拍摄

大金川河畔丹巴寨藏

巴底镇水卡子

大金川河畔村寨

大金川河畔的甲居藏寨

大金川扎科段

甲居镇红五军团政治部遗址

雅拉雪山

雅拉雪山日照金山

康定机场去往塔公草原的路上回望雅拉雪山5820米

雅姆雪山5374米

牦牛神山5130米

丹巴陡水岩

东谷镇顶果山寺庙

大马山

大马村

丹巴中学

东谷河水子段

万年雪梁子5310米

丹巴最高峰斯达拉5521米

斯达拉

斯达拉

斯达拉

斯达拉群峰

党岭夏羌拉5470米

丹东镇党岭葫芦海

丹东镇葫芦海

金龙山4960米

丹东镇莫斯卡村

丹东镇莫斯卡村全景

革什扎河畔的牙科村

革什扎河畔的瓦足村

革什扎镇大桑藏寨

革什扎镇所在地杨柳坪

革什扎镇卓斯尼丑牛藏寨

大寨

俄洛藏寨

俄洛村、洛尔村

俄洛、洛尔、柯尔金、丑牛藏寨

洛尔、俄洛、安古藏寨

革什扎河畔八角碉

革什扎河柯尔金、青稞、布科、巴郎段

大金川与革什扎河交汇处索断桥

独狼沟纪念碑

以上照片由李永安拍摄

墨尔多神山

墨尔多神山4820米

小金河小金与丹巴交界段

小金河

从黑峰顶俯瞰太平桥乡政府所在地

太平桥乡三岔沟

太平桥乡丹扎牛场

墨尔多神山下的纳顶村寨

墨尔多山下岳扎

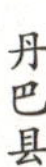

小金河墨尔多山镇岳扎中路段

从中路藏寨远眺小金河

梭坡乡蒲角顶

大渡河畔梭坡村

梭坡乡

丹巴格宗领袖峰

大渡河第一湾——格宗乡

以上照片由游建中、李永安、李友卿、魏伟等拍摄

小金县

大渡河东南过格宗镇，右纳绒坝沟，向东进入小金县，左纳汗牛河、门子沟，为小金县、丹巴县、康定市界河。

小金川。发源于梦笔山南麓的抚边河与源于四姑娘山的沃日河在小金县城汇合后称小金川，向西流经宅垄镇，向西流到丹巴县太平桥、半扇门、墨尔多山，在县城三岔河与大金川汇合。干流长165千米，自然落差2340米，流域面积5254.8平方千米，多年平均流量104米^3/秒，平均年径流量29亿立方米。

汗牛河。位于小金县西南部，注入大渡河，全长39.87千米，流域面积623.6平方千米，天然落差2660米。

沃日河。河长79千米，流域面积1770平方千米，多年平均流量35.2米^3/秒。

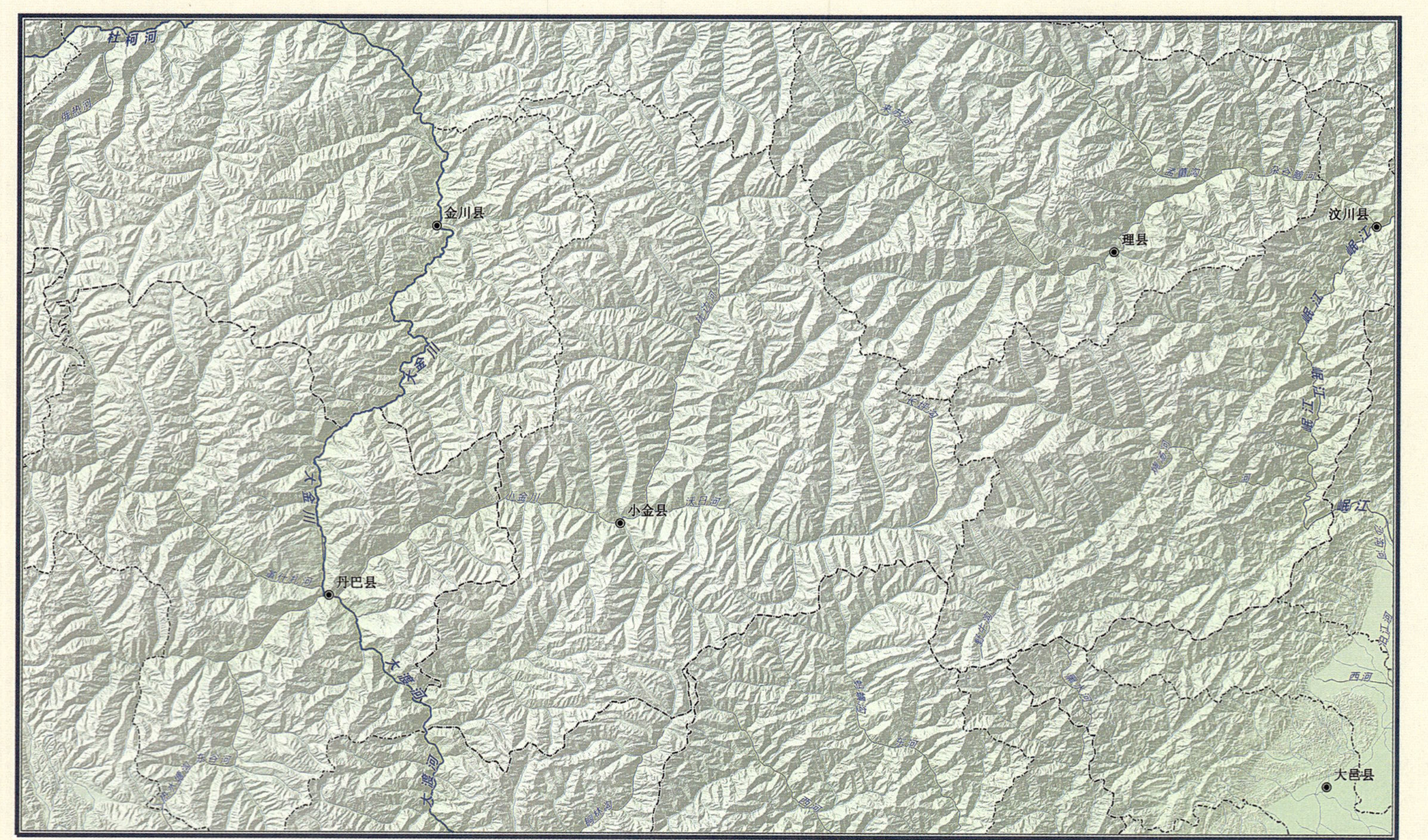

大渡河三维流域图——小金县

大渡河甘孜、雅安、乐山保留区
白湾乡
K650
集沐乡
杨家湾电站
卡拉脚乡
撒
瓦
脚
沟
庆宁乡
大金
金川县
K600
独松乡
大
马尔邦碉王山庄
卡撒乡
卡
金
沟
撒
K550
曾达乡
川
大
渡
河
砍
竹
沟
杂
谷
脑
河
狮子坪水库
小
金
川
两河镇
两河口镇
美
卧
沟
抚边乡
结
斯
河
木坡电站
崇
德
沟
八角乡
新格乡松矶砂石场
新格乡
小金(三)
猛固桥电站
结马电站
中马厂水电站
沃日镇
日尔寨水电站
四姑娘山镇
小金县
春堂坝水电站
达维镇
二道桥电站
关州水电站
K500
大
格宗乡
汗牛乡
汗牛河水库
渡
河
青
硗碛水库
衣
江
金
汤
河
野
牛
沟
金平水电站
二里沟电站
孔玉乡
火地电站
猴子岩电站
K450
巴郎口电站

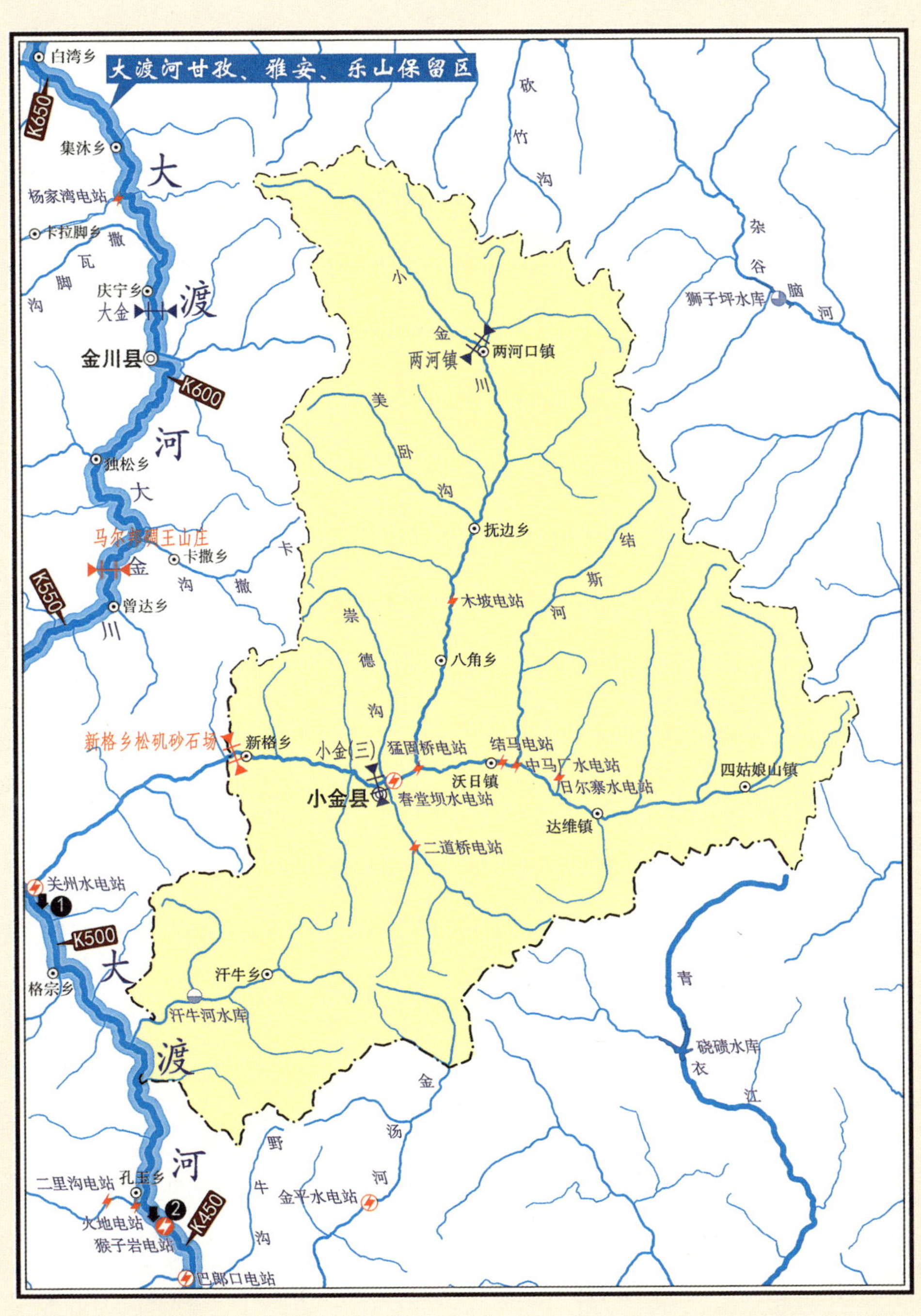

大渡河流域小金县

小金县（513227）

（人民政府驻地：美兴镇　邮政编码：624200）

街道、镇、乡名称	驻地	行政区划代码	居委会（个）	村委会（个）	面积（平方千米）	户籍人口（万人）
美兴镇	石灰村2组102号	513227100	2	11	90	1.40
四姑娘山镇	金锋村金锋街61号	513227101		5	585	0.30
两河口镇	两河村雪山街58号	513227103		7	1035.00	0.50
达维镇	达维村继英街8号	513227104		6	374	0.40
沃日镇	官寨村官寨街109号	513227105		5	99.00	0.30
宅垄镇	元营村元营街20号	513227106		8	225.00	0.50
八角镇	农光村农光街35号	513227107		11	171	0.30
崇德乡	海坪村海坪街26号	513227201		4	117.00	0.30
新桥乡	龙王村龙王街19号	513227202		6	126	0.40
美沃乡	头道村头道街35号	513227203		6	369.00	0.30
沙龙乡	松光村松光街1号	513227204		4	135.00	0.20
日尔乡	日尔村日尔街4号	513227208		5	180	0.30
结斯乡	王家寨村前进街9号	513227209		5	486.00	0.20
木坡乡	木坡村达尔扎街63号	513227211		7	243.00	0.30
抚边乡	粮台村粮台街14号	513227213		8	455	0.50
窝底乡	春卡村春卡街38号	513227216		4	351.00	0.20
汗牛乡	中纳村中纳街11号	513227217		4	306	0.20
潘安乡	潘安村潘安街3号	513227218		3	153.00	0.10
合计	7镇11乡		2	109	5565.36	6.70

青海省

阿坝县

茸木达乡

上杜柯乡

南木达镇

尕多乡

中壤塘镇

上壤塘乡

岗木达镇

壤塘县

马尔康市

吾伊乡

甘孜藏族自治州

石里乡

宗科乡

蒲西乡

金川县

成都遥望幺妹峰

蜀山之后幺妹峰6250米

四姑娘山镇双桥村

长坪村

长坪沟骆驼峰

双桥沟佛塔

阿妣峰5694米

日月宝镜5609米

龙脊峰

婆缪峰5413米

小金县巴郎山

小金县夹金山

夹金山最高两座山峰

小金县夹金山

小金县沃日镇官寨村

沃日官寨

梦笔山

梦笔山

萨武神山

红军长征两河口会议会址

抚边河（左下）与沃日河（右）汇合为小金川

猛古桥

猛古桥

猛古桥

小金县城

小金大坝口光伏扶贫电站

以上照片由魏伟、黄继洲、黄继舟、泽尔登、胡郁钢、周利庚、常德、程康等拍摄

康定市

大渡河以下进入康定市境内，左纳门子沟，又南至孔玉，右纳二里沟，又南至巴郎口，右纳巴郎河，又左纳野牛沟，南至下索子，右纳下索子沟，左纳金汤河，南过鱼通集镇，左纳磨子沟，又左纳前溪河，南至姑咱镇前，又右纳羊厂沟，南过姑咱集镇，右纳康定河。

康定河。又名瓦斯沟，因流经康定城，故名。上游源自雅拉雪山下雅拉河，向东南流经中谷、王母、三道桥、二道桥等，至康定县城右纳折多河后为下游，始称康定河，转东流经升航、日地、瓦斯，至瓦斯沟口汇入大渡河。全长80千米，流域面积1554平方千米，多年平均流量49米^3/秒。

金汤河。全河长81千米，天然落差3372米，流域面积1129平方千米，多年平均流量37.5米^3/秒。

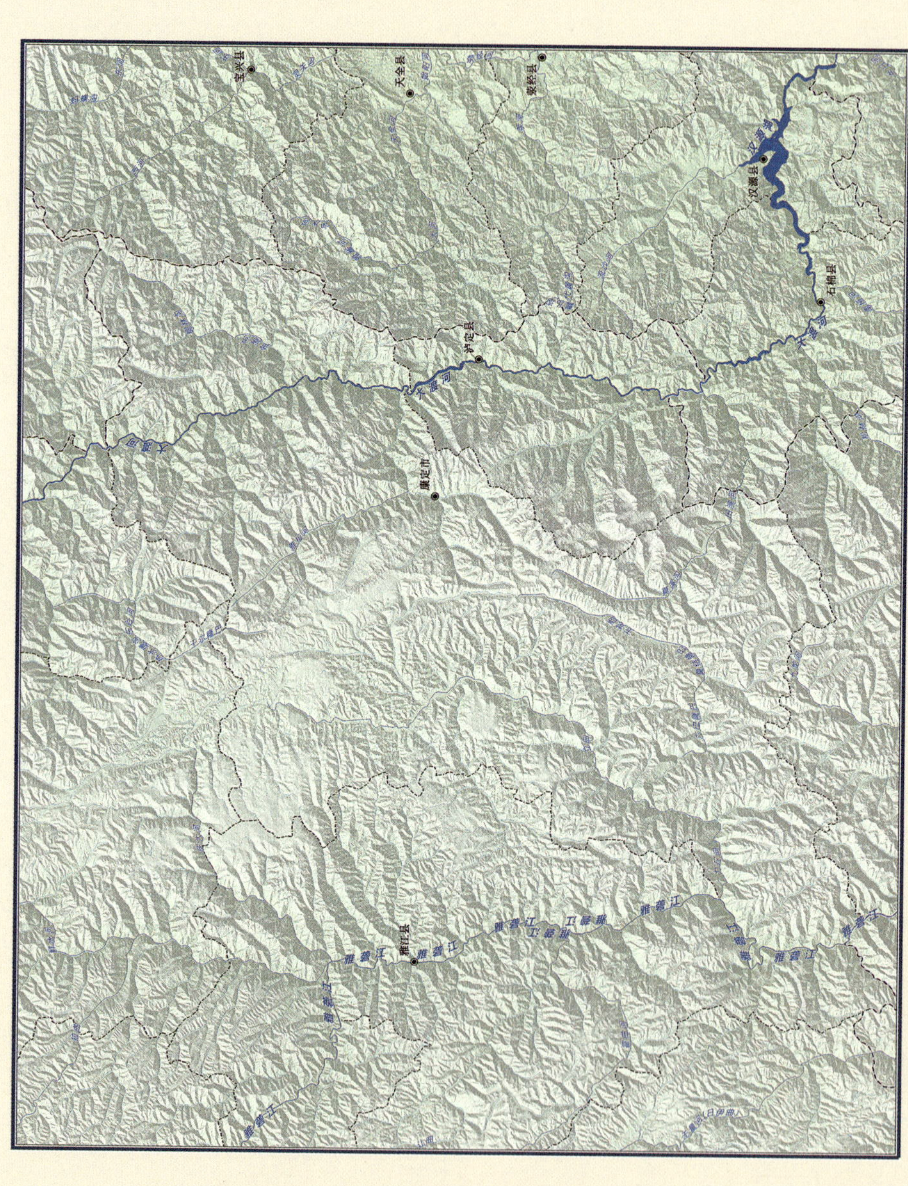

大渡河三维流域图——康定市

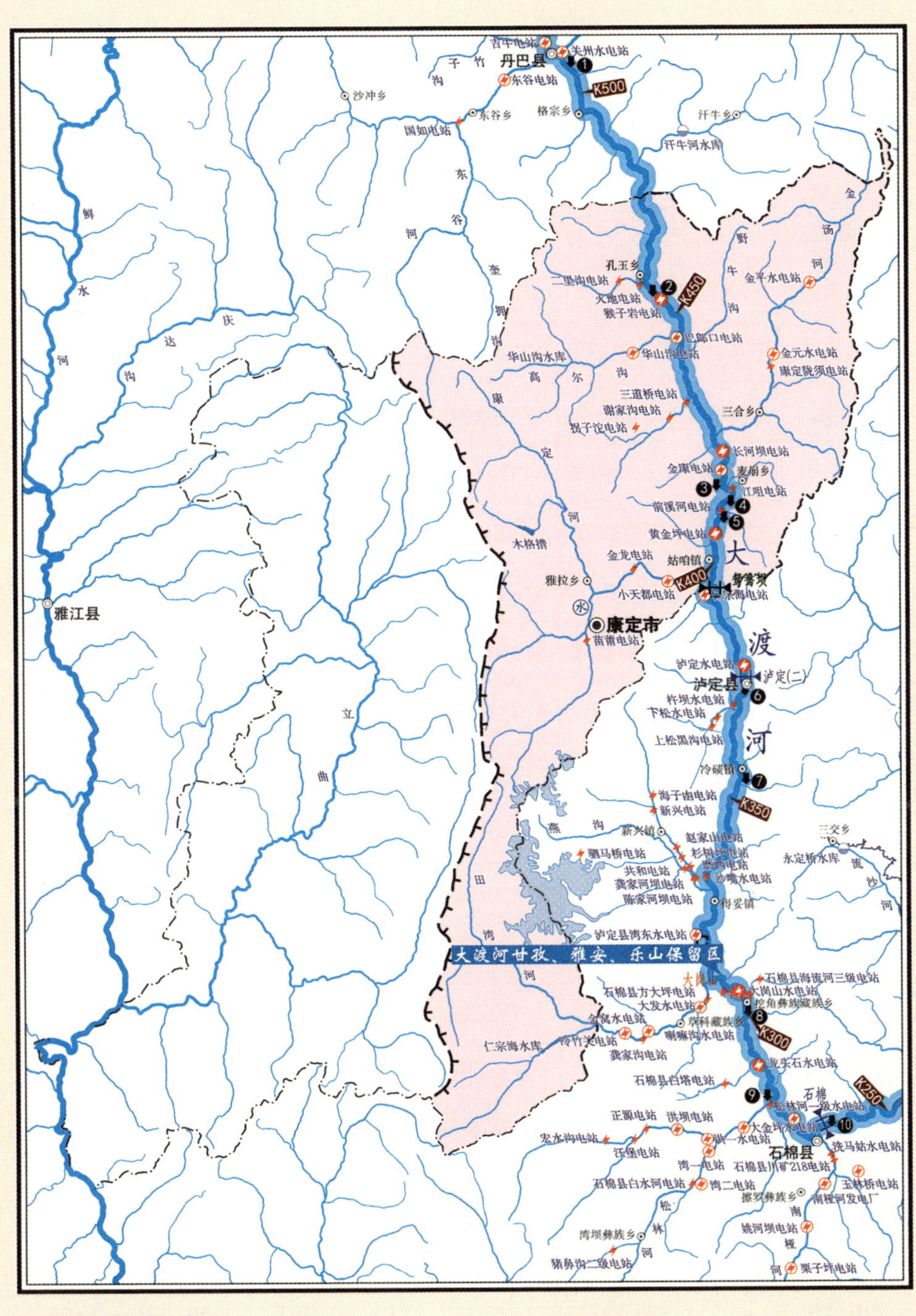

大渡河流域康定市

康定市（513301）

（人民政府驻地：榆林街道　邮政编码：626000）

街道、镇、乡名称	驻地	行政区划代码	居委会（个）	村委会（个）	面积（平方千米）	户籍人口（万人）
榆林街道	情歌路752号	513301001	2	`	659.12	0.88
炉城街道	子耳社区子耳路25号	513301002	4	9	158.36	3.19
姑咱镇	三社区金正巷66号	513301101	3	15	258.33	0.99
新都桥镇	新都桥社区大街342号	513301102	1	25	965.28	1.30
塔公镇	塔公村文化街21号	513301103		15	716.08	0.94
沙德镇	生古街141号	513301104		7	837.10	0.36
金汤镇	河坝村永红路122号	513301105		25	461.74	0.66
甲根坝镇	木雅村木雅路1号	513301106		20	682.96	0.54
贡嘎山镇	六巴村迎宾大道1号	513301107		8	2149.74	1.06
鱼通镇	野坝村野坝路1号	513301108		11	371.08	1.05
雅拉乡	二道桥村1组10号	513301200		9	728.58	0.53
麦崩乡	磨子沟村1组49号	513301204		9	114.38	0.22
捧塔乡	捧塔村1组46号	513301206		11	699.41	0.29
普沙绒乡	宜代村1组120号	513301208		6	667.67	0.25
吉居乡	宋玉村1组5号	513301209		5	362.01	0.21
呷巴乡	立启村1组76号	513301211		11	459.20	0.38
孔玉乡	寸达村2组55号	513301214		12	1194.47	0.39
全市全计	2街道8镇7乡		10	204	11591.33	13.23

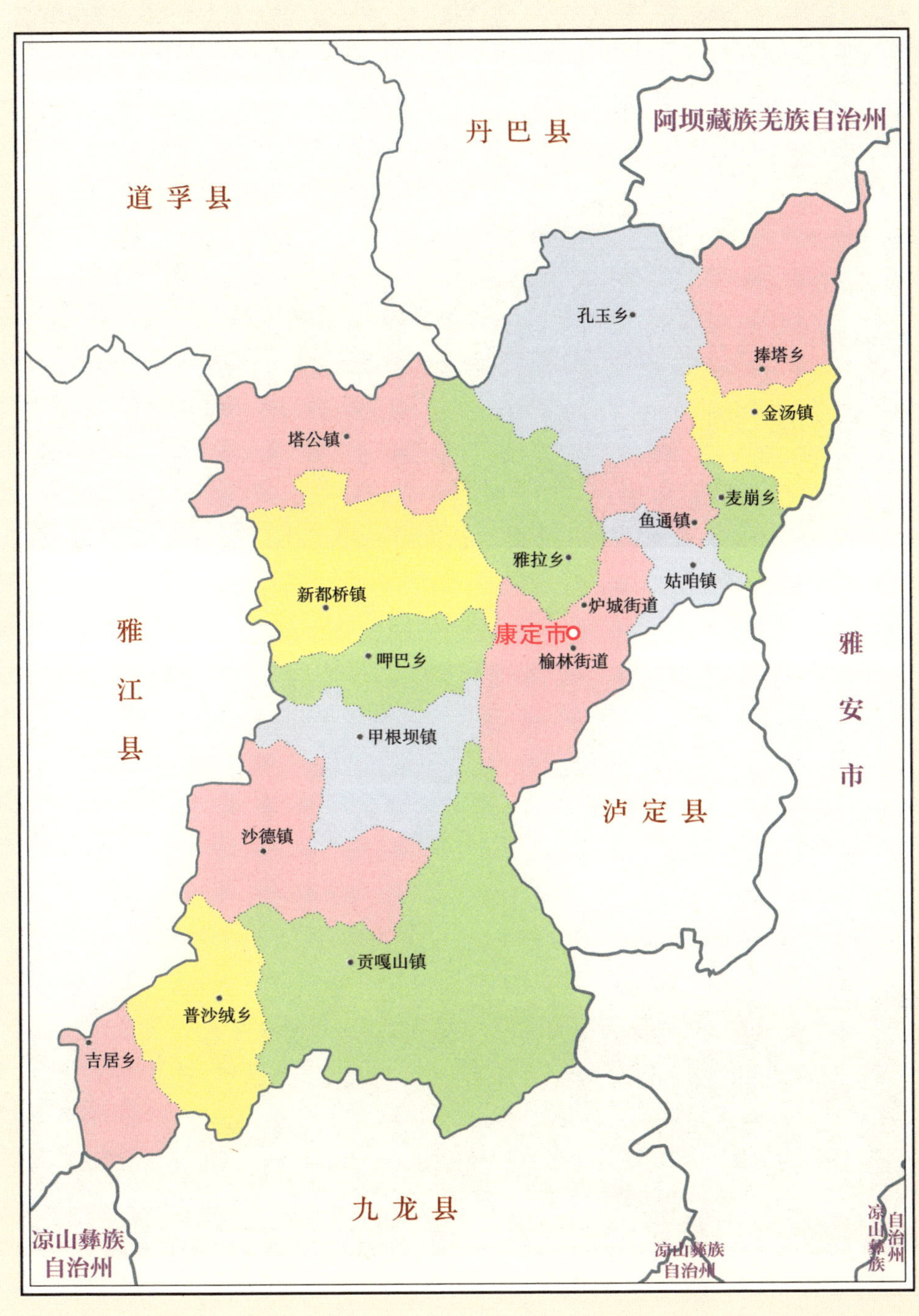
丹巴县
阿坝藏族羌族自治州
道孚县
孔玉乡
捧塔乡
金汤镇
塔公镇
麦崩乡
鱼通镇
雅拉乡
姑咱镇
新都桥镇
炉城街道
雅江县
康定市
榆林街道
雅安市
呷巴乡
甲根坝镇
泸定县
沙德镇
贡嘎山镇
普沙绒乡
吉居乡
九龙县
凉山彝族自治州
凉山彝族自治州
凉山彝族自治州

折多山

折多山、扎日朗果

折多山红海子

折多山下折多河

折多山垭口

折多山小溪

木格措

木格措七色海

康定雅家埂雪峰

五色海子山

雅拉河边杜鹃艳

雅拉河发源地

雅拉河畔康定中谷村

折多河边瓦斯沟村寨

康定折多河

四川康定市县孔玉乡色龙村

大渡河畔姑咱镇黄金坪

河畔村落

雪后大渡河边姑咱镇

大渡河畔长河坝新农村安居地

大渡河第一湾

大渡河康定泸定交界段

以上照片由魏伟、兰月凤、游建中、邹立军、瓦须·泽多、贺明秋、黄元康、唐保安等拍摄

泸定县

大渡河以下南过烹坝后，即入泸定县境。有泸定水文站控制流域面积58943平方千米，多年平均流量895米^3/秒，水位变幅6.7米。过站至泸定县城西。大渡河上游段即止于此。南进泸定县城，又过著名泸定桥。再南经冷碛镇，左纳花园沟，又南至猫子坪右纳磨西河，又南至茅草坡，右纳两岔河。

磨西河（燕子沟）。其主流有2条，一条发源于黑海子，纳大杆沟、小河子沟、喇嘛沟，流经雅家埂，称为雅家河；另一条为冰川型河源，发源于贡嘎山北坡冰川雪山口，为燕子沟、纳南门关沟、磨子沟、海螺沟。两支流于磨西镇吊嘴汇合，称磨西河，流径大乌科，从金光、繁荣两地之间穿过汇入大渡河。磨西河全长43千米，流域面积923平方千米，落差3000米，年均流量23.26米^3/秒。

湾东河。源出贡嘎山东麓，又称大沟，经两岔河纳板棚沟、湾东纳飞水沟注入大渡河。为泸定、石棉两县分界河，南岸属于石棉县刘大坪，北岸属泸定县湾东村，主干流长42千米，年均流量4.72米^3/秒。

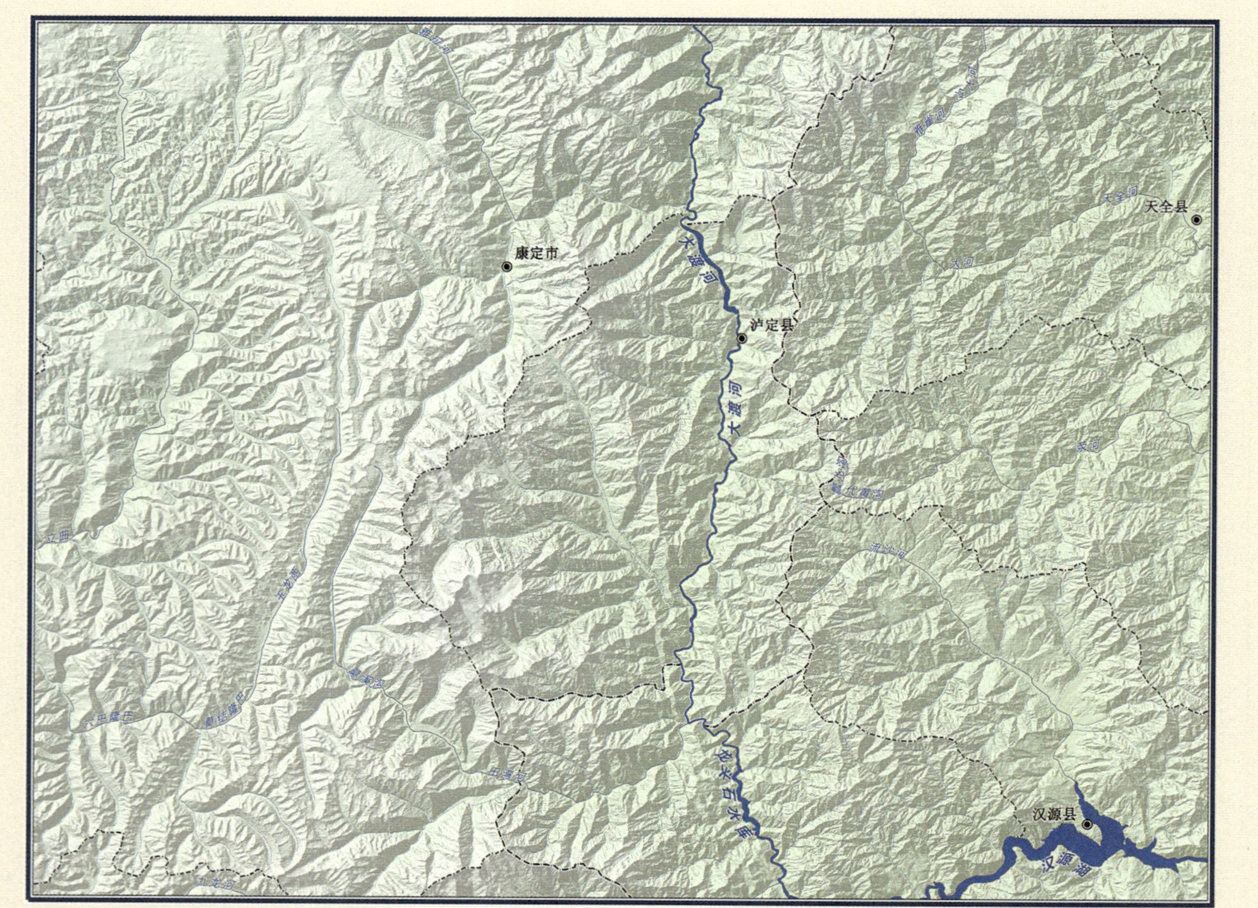

大渡河三维流域图——泸定县

麦崩乡
江咀电站
前溪河电站
黄金坪电站
大
木格措
康
定
河
水
金龙电站
姑咱镇
雅拉乡
K400
鸳鸯坝
小天都电站
仁宗海电站
康定市
苗莆电站
渡
泸定水电站
泸定县
泸定(二)
杵坝水电站
下松水电站
上松黑沟电站
河
冷碛镇
海子凼电站
K350
新兴电站
燕
沟
新兴镇
赵家山电站
三交乡
杉树坪电站
永定桥水库
驷马桥电站
磨西电站
流
共和电站
沙
龚家河坝电站
沙嘴水电站
河
陈家河坝电站
得妥镇
田
泸定县湾东水电站
湾
大渡河甘孜、雅安、乐山保留区
大岗山
石棉县海流河三级电站
大岗山水电站
河
石棉县方大坪电站
挖角彝族藏族乡
大发水电站
金窝水电站
草科藏族乡
K300
喇嘛沟水电站
仁宗海水库
冷竹关电站
龚家沟电站
龙头石水电站
石棉县白塔电站

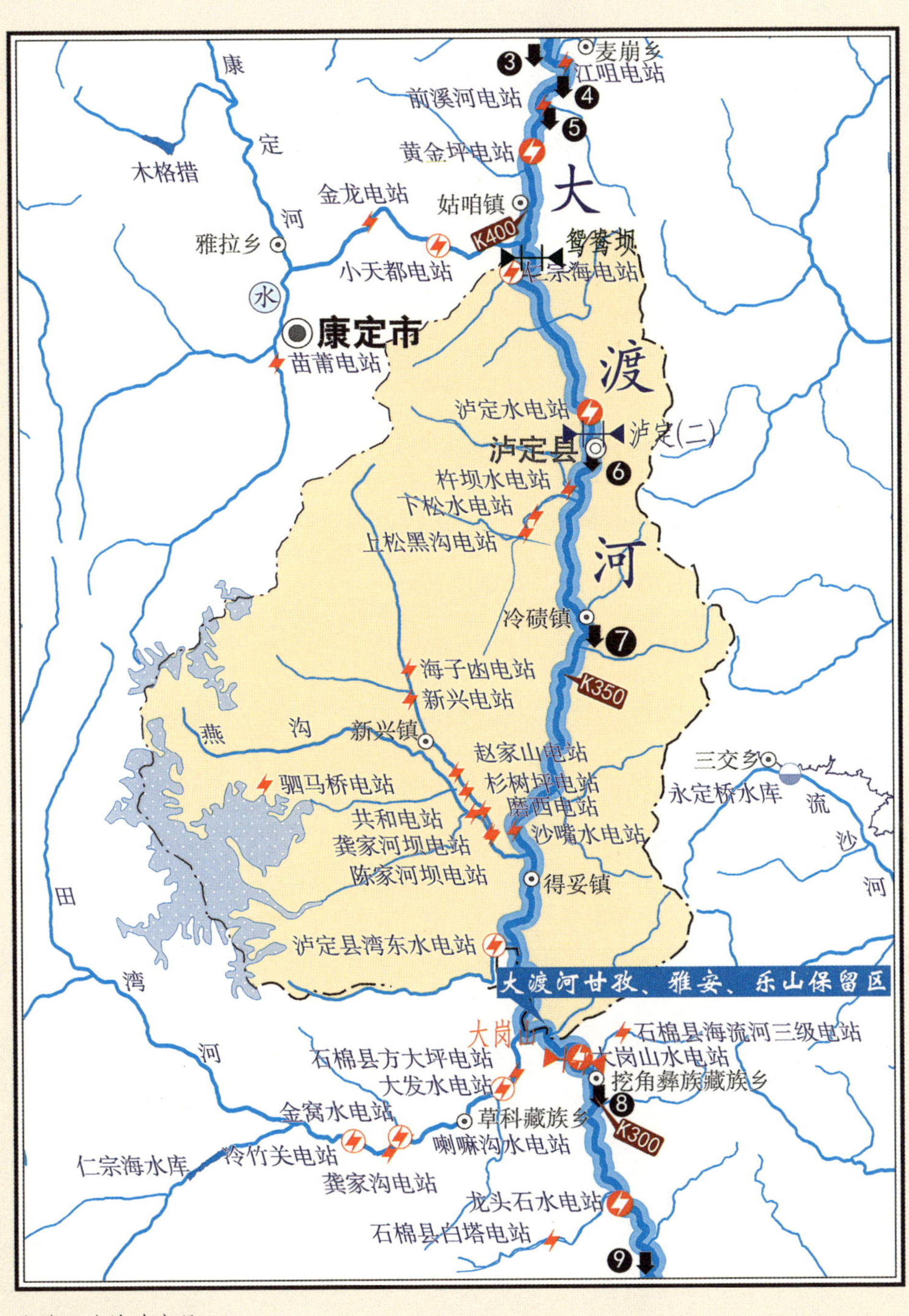

大渡河流域泸定县

泸定县（513322）

（人民政府驻地：泸桥镇　邮政编码：626100）

街道、镇、乡名称	驻地	行政区划代码	居委会（个）	村委会（个）	面积（平方千米）	户籍人口（万人）
泸桥镇	田坝村2组17号	513322100	3	16	379.42	2.87
冷碛镇	攀康中路216号	513322101	2	12	122.36	1.13
兴隆镇	兴隆村97号附2号	513322102	1	12	108.22	0.95
磨西镇	大杉树村1组鹏程路33号	513322103	1	7	310.83	0.73
燕子沟镇	新兴村1组215号	513322104		7	594.00	0.56
得妥镇	北头村1组79号	513322105		12	277.22	0.82
烹坝镇	烹坝村1组320号	513322106		6	116.30	0.47
德威镇	咱威村1组113号	513322107		14	199.04	0.91
岚安乡	昂州村1组12号	513322200		4	57.96	0.28
合计	8镇1乡		7	90	2165.06	8.72

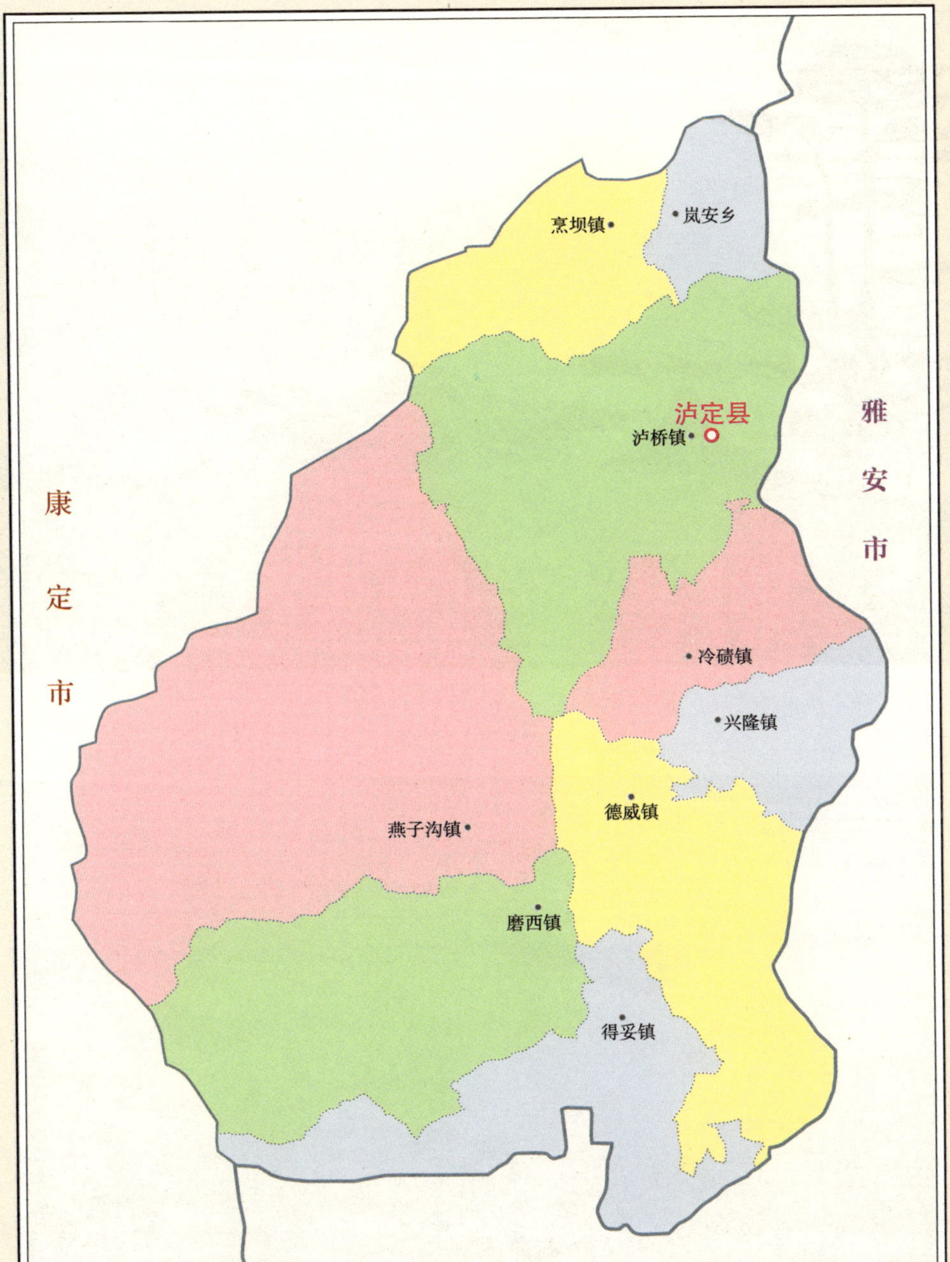

烹坝镇
岚安乡
泸定县
泸桥镇
雅安市
康定市
冷碛镇
兴隆镇
德威镇
燕子沟镇
磨西镇
得妥镇

大渡河畔二郎山

山舞银蛇，四峰雪景

岚安古镇

春到乡间

海子仙居（泸桥镇）

华林坪（兴隆镇）

乡村美景

新建3位勇士头像后的22勇士柱

大渡河畔泸定城

大渡河畔泸定

大渡河峡谷风光

泸定大坝大渡河畔春色

大渡河畔

康养之地

大渡河边的村庄

泸定大坝教育园区

泸定寄宿制学校

泸定冷碛

泸定县冷碛镇田园

泸定雪景

泸定全景

今日泸定

2004年修建的康巴大桥

在建的泸定高速兴康大桥

50年代初18军进藏修建的泸定钢架桥

泸定大渡河铁索桥

川藏第一桥

大渡河上川藏第一桥

雅康高速第一桥大渡河大桥

河谷新村

今日移民新村（得妥镇）

移民新村

大渡河畔川藏路

泸定水电站库区

从非常规角度，塔公方向目睹蜀山之王的一抹纯白

贡嘎7556米，泥巴山之晨

贡嘎山北壁

康定机场看贡嘎山主峰

贡嘎山边的达多曼因6380米与朗格曼因6294米

海螺沟雪峰

贡嘎山嘉子峰
6540米一组

以上照片由游建中、郑雨晴、罗楚凯、胡廷辉、包正富、达瓦、宋刚、曹学年、游蓉萍、代永清、魏伟、李晓华、陶骏、等拍摄

海螺沟红石滩

磨西全景

石棉县

大渡河以下右纳湾东河后，入石棉县境王岗坪乡，右纳田湾河。经王岗坪乡、新民乡南偏东流至安顺场镇、新棉街道，左纳海流河、撒拉池沟、礼约河、右纳出路河、松林河；再右纳小水河；折东偏北右纳南桠河，过石棉县城，以下有石棉水文站，控制流域面积65946平方千米，多年平均流量1200米^3/秒，水位变幅6.8米。过站经永和乡、迎政乡、美罗镇、丰乐乡，左纳响水沟，右纳拉尔坝沟；又左纳八牌河、大冲河，右纳耍耍沟，向东北为石棉、汉源二县界河。

田湾河。发源于贡嘎山西侧，流经康定市和石棉县，全流域面积1397平方千米，河长90千米，多年平均流量42.3米^3/秒，落差2120米。

松林河。又名安顺河，源出九龙县东部，在石棉县蟹螺沟接纳洪坝河，至安顺场注入大渡河。长73千米，流域面积1446平方千米，多年平均流量55.6米^3/秒，落差2360米。

南桠河。发源于九龙县，流经冕宁县，再到雅安市的石棉县后，注入大渡河。全长78千米，流域面积1187平方千米，多年平均流量79.7米^3/秒，落差1714米。

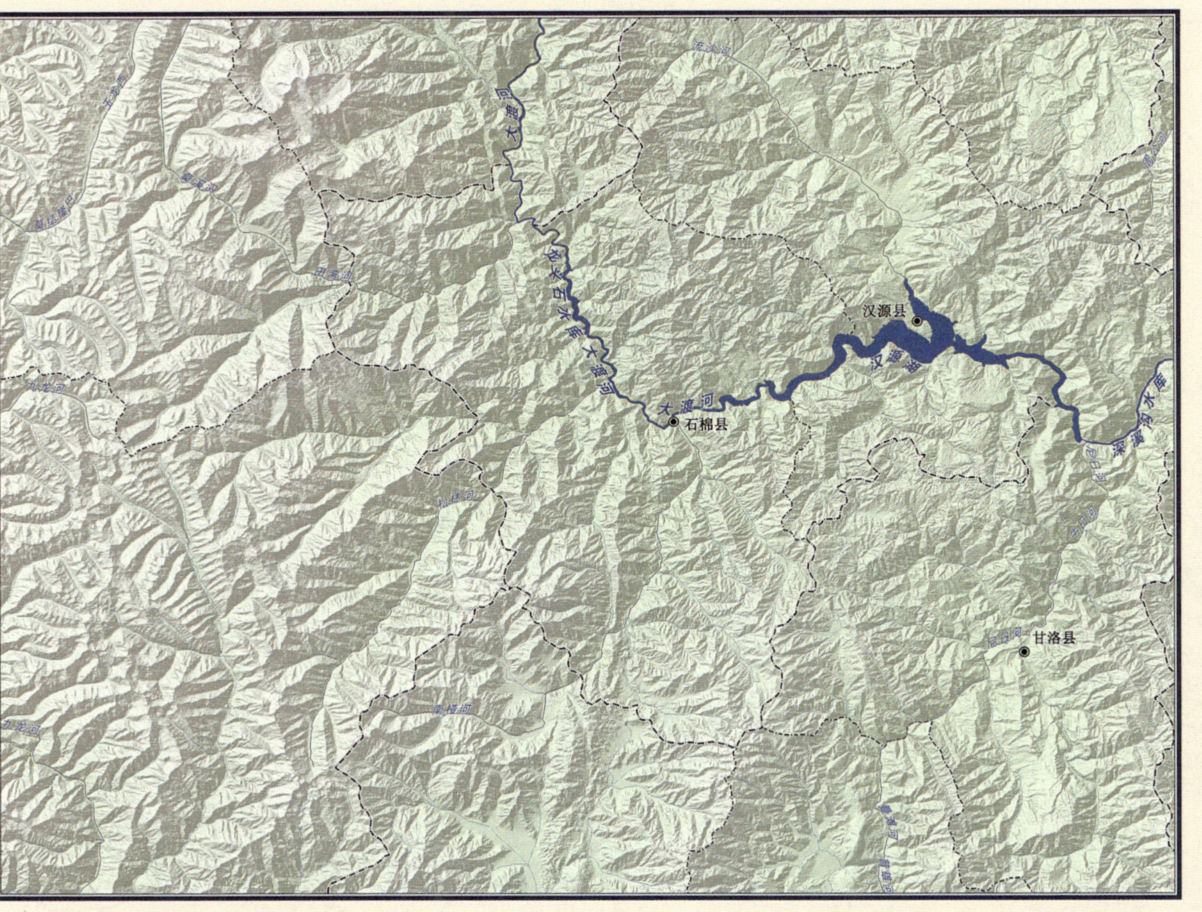

大渡河三维流域图——石棉县

共和电站
磨西电站
沙嘴水电站
龚家河坝电站
陈家河坝电站
得妥镇
流
沙
河
泸定县湾东水电站
大渡河甘孜、雅安、乐山保留区
大岗山
石棉县海流河三级电站
石棉县方大坪电站
大岗山水电站
挖角彝族藏族乡
大发水电站
金窝水电站
草科藏族乡
冷竹关电站
喇嘛沟水电站
K300
龚家沟电站
龙头石水电站
丰乐乡
石棉县白塔电站
石棉丰乐乡三星村
石棉
松林河一级水电站
K250
正源电站
洪坝电站
大金坪水电站
洪一水电站
洗马姑水电站
宏水沟电站
汪堡电站
湾一电站
石棉县
石棉县川矿218电站
南
玉林桥电站
石棉县白水河电站
湾二电站
南桠河发电厂
擦罗彝族乡
松
桠
林
湾坝彝族乡
姚河坝电站
河
河
猪鼻沟二级电站
栗子坪电站
紫马电站
栗子坪彝族乡
冶勒乡
冶勒水库
大岩三级电站

大渡河流域石棉县

石棉县（511824）

（人民政府驻地：新棉街道　邮政编码：625400）

街道、镇、乡名称	驻地	行政区划代码	居委会（个）	村委会（个）	面积（平方千米）	户籍人口（万人）
新棉街道	老街社区滨河路四段851号	511824002	10		158.92	3.60
回隆镇	叶坪村2组126号	511824101		6	299.29	1.55
美罗镇	方元村5组126号	511824102		6	74.14	1.52
安顺场镇	胜利路31号	511824106		9	305.18	1.63
蟹螺藏族乡	大湾村1组1号	511824202		4	203.03	0.39
永和乡	白马村4组188号	511824203		3	75.18	0.53
栗子坪彝族乡	栗子村4组1号	511824207		4	510.42	0.58
迎政乡	八牌村1组4号	511824209		3	59.28	0.69
丰乐乡	三星村2组98号	511824211		3	231.44	0.29
新民藏族彝族乡	海耳村1组1号	511824212		5	87.03	0.68
草科藏族乡	田湾河村3组53号	511824215		3	340.52	0.25
王岗坪彝族藏族乡	挖角村4组68号	511824216		5	334.62	0.65
合计	1街道3镇8乡		10	51	2679.05	12.36

汉 源 县
甘孜藏族自治州
凉 山 彝 族 自 治 州
王岗坪彝族藏族乡
草科藏族乡
新民藏族彝族乡
美罗镇
丰乐乡
安顺场镇
迎政乡
石棉县
永和乡
蟹螺藏族乡
新棉街道
回隆镇
栗子坪彝族乡

大渡河畔王岗坪

王岗坪景色

石棉蟹螺乡猛种村藏族堡子

安顺场全景

安顺场

安顺场全景

大渡河石棉段

大渡河石棉城段

石棉县城全景

以上照片由达瓦、王福清、戈镇洲、宋晓明等拍摄

汉源县

大渡河以下至小堡右纳宰骡河，左纳大冲河，东入汉源县境。过富林镇，左纳流沙河，转东偏南左纳白岩河，右纳西街河，又左纳鲁布沟，往东左纳深溪沟、老厂沟。

流沙河。发源于扇子山南麓，称黑石沟，在宜东镇林口汇合后始称流沙河。主要支流有黄家沟、旭家沟、二郎河、后河、木槿河等。流经宜东、九襄、富林等8个乡（镇），于富林镇汇入大渡河，全长72千米，流域面积1153平方千米，河口多年平均流量为22.9米^3/秒，最大流量1020米^3/秒，落差2547米。最大含沙量为96.6kg/米^3，含沙量名列全省前列。

宰骡河。发源于甘洛县海棠镇凉山头尖尖西麓，河流长度38千米，流域面积309平方千米，河口多年平均流量14.51米^3/秒。

大渡河三维流域图——汉源县

荥经县
三交乡
永定桥水库
跃
进
堰
流
沙
河
清溪镇
九襄镇
东
大
堰
汉源县
安乐乡
皇木镇
渡
河
大
石棉丰乐乡三星村
丰乐乡
青富
汉
源
湖
上
游
堰
深溪沟水电站
K200
K250
9
10
11
石棉
松林河一级水电站
大金坪水电站
洗马姑水电站
石棉县
石棉县川矿218电站
南
玉林桥电站
南桠河发电厂
擦罗彝族乡
桠
姚河坝电站
河
栗子坪电站
紫马电站
栗子坪彝族乡
黑马乡
三谷庄
瀑布沟水电站
泥日河甘洛出境
阿兹觉乡
开建桥电站
新茶乡
岩润
国合电站
双河口电站
甘洛县

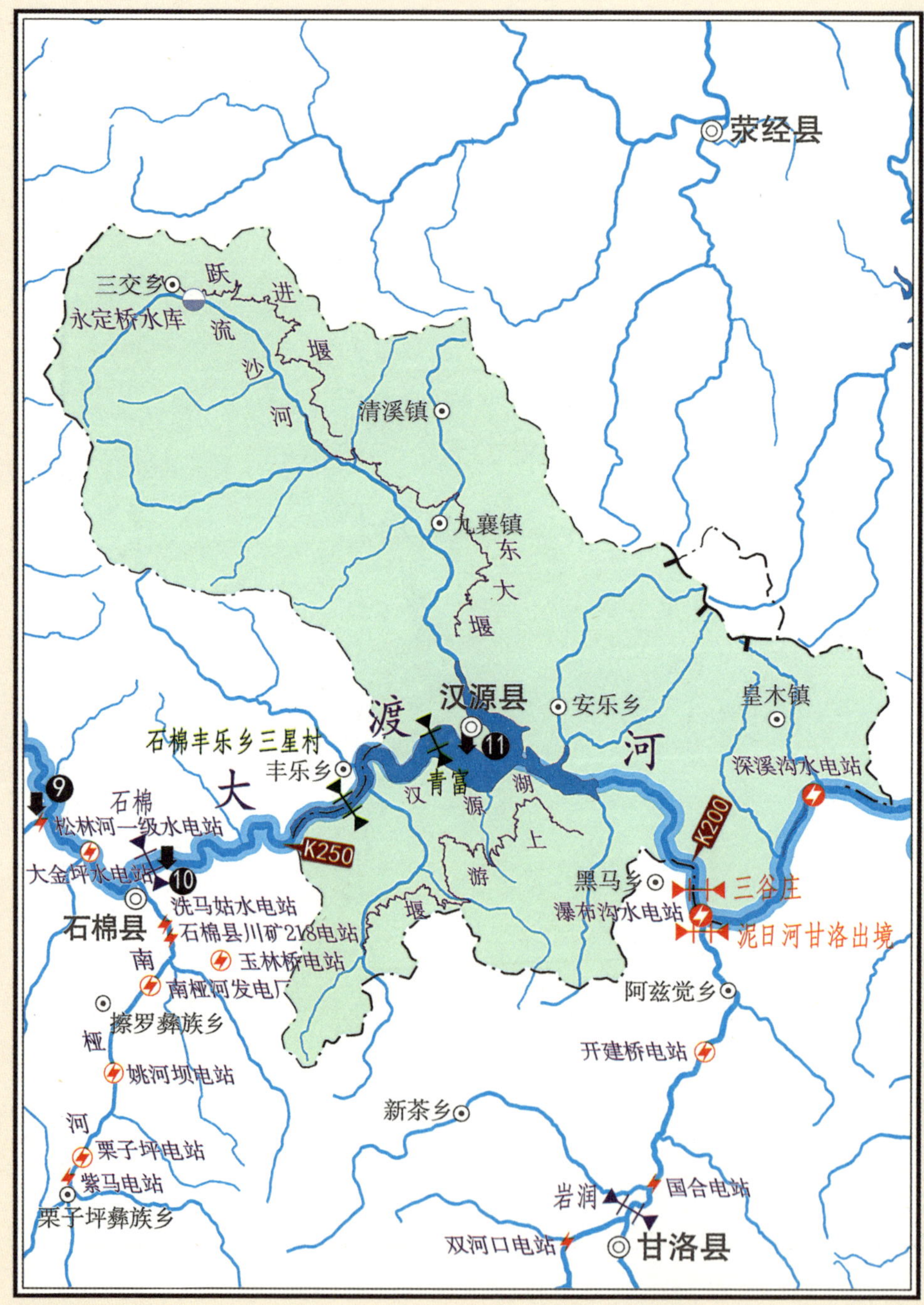

大渡河流域汉源县

汉源县（511823）

（人民政府驻地：富林镇　邮政编码：625300）

街道、镇、乡名称	驻地	行政区划代码	居委会（个）	村委会（个）	面积（平方千米）	户籍人口（万人）
富林镇	流沙河社区武汉大道一段99号	511823100	5	3	66.72	3.89
九襄镇	梨城社区梨城西路83号附1号	511823101	3	14	174.39	7.05
乌斯河镇	苏古社区团结街14号	511823102	1	3	69.38	0.86
宜东镇	天罡村5组1号	511823103		14	429.06	3.09
富庄镇	富庄社区6组1号	511823104	1	8	100.35	1.6
清溪镇	富民村4组98号	511823105		5	66.39	0.92
大树镇	山羊坪社区9组11号	511823106	1	8	116.81	1.99
皇木镇	万盛社区2组70号	511823107	1	2	93.81	0.68
富泉镇	富泉社区9组105号	511823108	1	5	51.43	1.53
唐家镇	五里社区3组151号	511823109	1	9	109.95	3.93
安乐镇	安乐村2组57号	511823110		7	127.15	1.22
前域镇	前域社区5组1号	511823111	1	5	76.13	1.44
富乡乡	富康村1组1号附1号	511823209		3	117.63	0.66
马烈乡	马烈村1组84号	511823220		2	119.22	0.48
河南乡	河南村1组1号	511823224		4	150.60	0.54
晒经乡	晒经村11组50号	511823225		2	27.51	0.40
小堡藏族彝族乡	丁家村1组85号	511823227		2	48.75	0.22
片马彝族乡	片马村1组1号	511823228		4	58.25	0.5
坭美彝族乡	和爱村5组1号	511823229		2	66.11	0.23
永利彝族乡	竹坪村1组1号	511823230		3	76.10	0.31
顺河彝族乡	万工村5组90号	511823231		3	68.96	0.49
合计	12镇9乡		15	108	2214.70	32.03

天全县
雨城区
甘孜藏族自治州
荥经县
眉山市
宜东镇
清溪镇
富庄镇
富乡乡
前域镇
九襄镇
唐家镇
富泉镇
安乐镇
马烈乡
皇木镇
永利彝族乡
乐山市
富林镇
汉源县
小堡藏族彝族乡
顺河彝族乡
大树镇
晒经乡
乌斯河镇
河南乡
片马彝族乡
石棉县
坭美彝族乡
乐山市
凉山彝族自治州

大渡河峡谷索道

古路晨光

三交高桥花椒采摘

百花争艳

原野

绿色田园

梦幻山乡

同心新村

住上好房子

贯穿汉源的雅西高速公路

汉源瀑布沟电站水库

汉源县城璀璨夜色

汉源县行政中心大楼

以上照片由郝立艺、陈浩森、廖仕林、赵建龙、曹恒、刘洪尧、廖仕林、张玉婷、魏鑫、龚群贤、王主玉等拍摄

甘洛县

大渡河以下又转南为汉源、甘洛二县界河。过瀑布沟，南至尼日，右纳尼日河；转东行有成昆铁路与之平行延伸。过乌斯河镇，转北偏东，左纳马托沟、皇木沟。

尼日河。发源于喜德县境相岭山北麓的木支村上方附近，上游喜德境内称尼日波河，在越西县裤裆沟出口与越西河汇口以上称普雄河，汇口以下称漫滩河；于玉田镇则拉村流入甘洛县，甘洛境内，甘洛县城以上俗称尔足河，甘洛县城以下称尼日河，经玉田镇、嘎日乡、新市坝镇、苏雄镇、乌史大桥镇，在乌史大桥镇卡尔村处流入大渡河。河长143千米，流域面积4142平方千米，多年平均流量128.21米^3/秒。

支流县

越西县

越西河。河长65.6千米，流域面积815平方千米，经马拖、大瑞、中所、越城、新民、尔觉、乃托7个镇，汇入尼日河。

喜德县

尼日波河。尼日河喜德境内称尼日波河，发源于尼波镇木支村，于尼波镇哈斯洛村流入越西县。境内河长16.5千米。

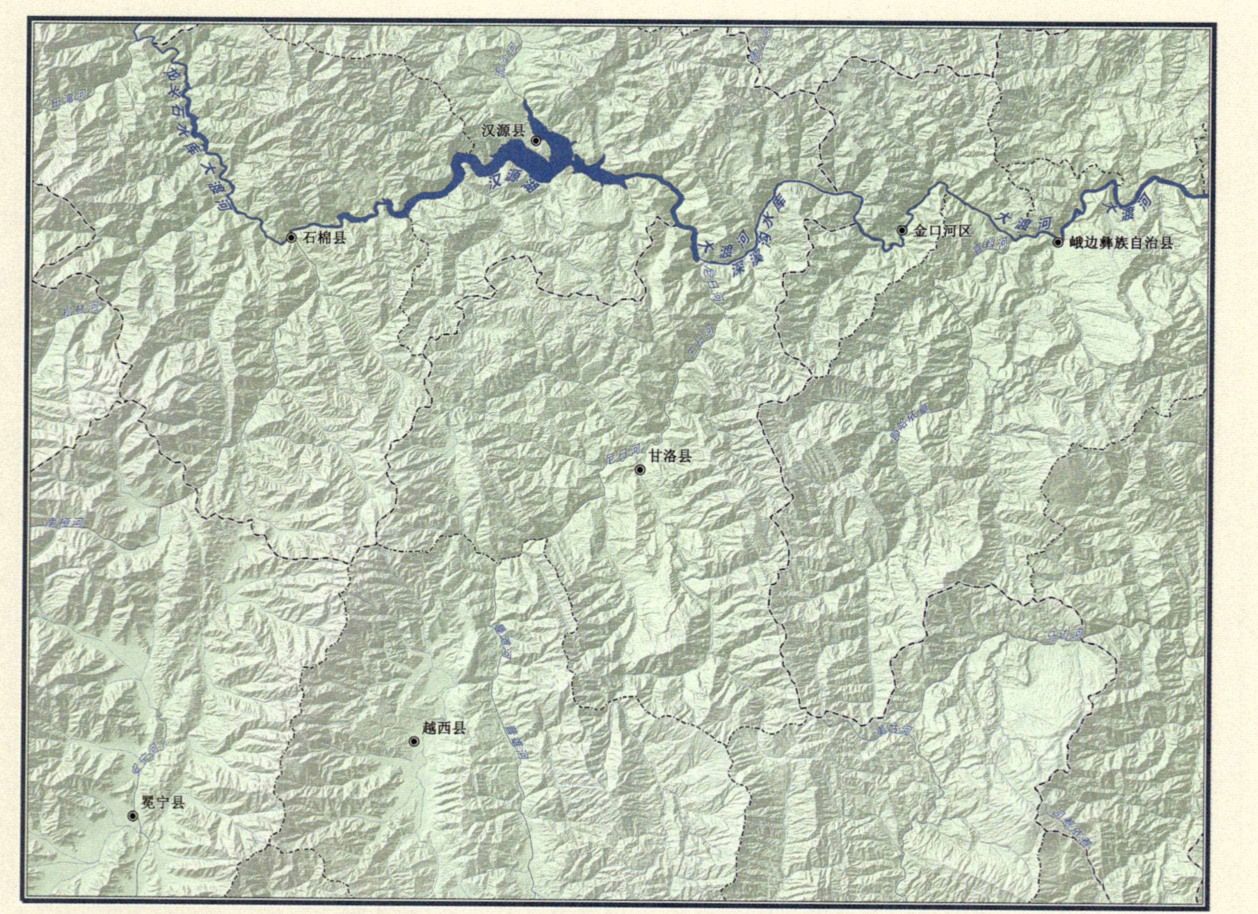

大渡河三维流域图——甘洛县

汉源县
安乐乡
皇木镇
永胜乡
青富
11
飞水电站
丰乐乡
深溪沟水电站
汉
源
湖
石棉丰乐乡三星村
渡
河
K200
K250
大
上
游
黑马乡
三谷庄
枕头坝电站
堰
瀑布沟水电站
泥日河甘洛出境
玉林桥电站
阿兹觉乡
开建桥电站
新茶乡
国合电站
岩润
甘洛县
双河口电站
玉田能源电站
春禾电站
则拉乡
尼
吉日坡水电站
日
勒乌乡
梅花乡巴姑村
杉木沟电站
河
瓦古脚电站
幸福一级电站
大岩三级电站
吉米镇
红叶电站
乃托镇
阿呷电站
双流园电站
茶园二级电站
铁马二级电站
吉乃窝呷一级电站
团结电站
吉乃窝呷电站
铁西电站
工棚电站
茶园一级电站
响水河一级电站
甘
越
洛
尔觉乡
越西县
西
河
河

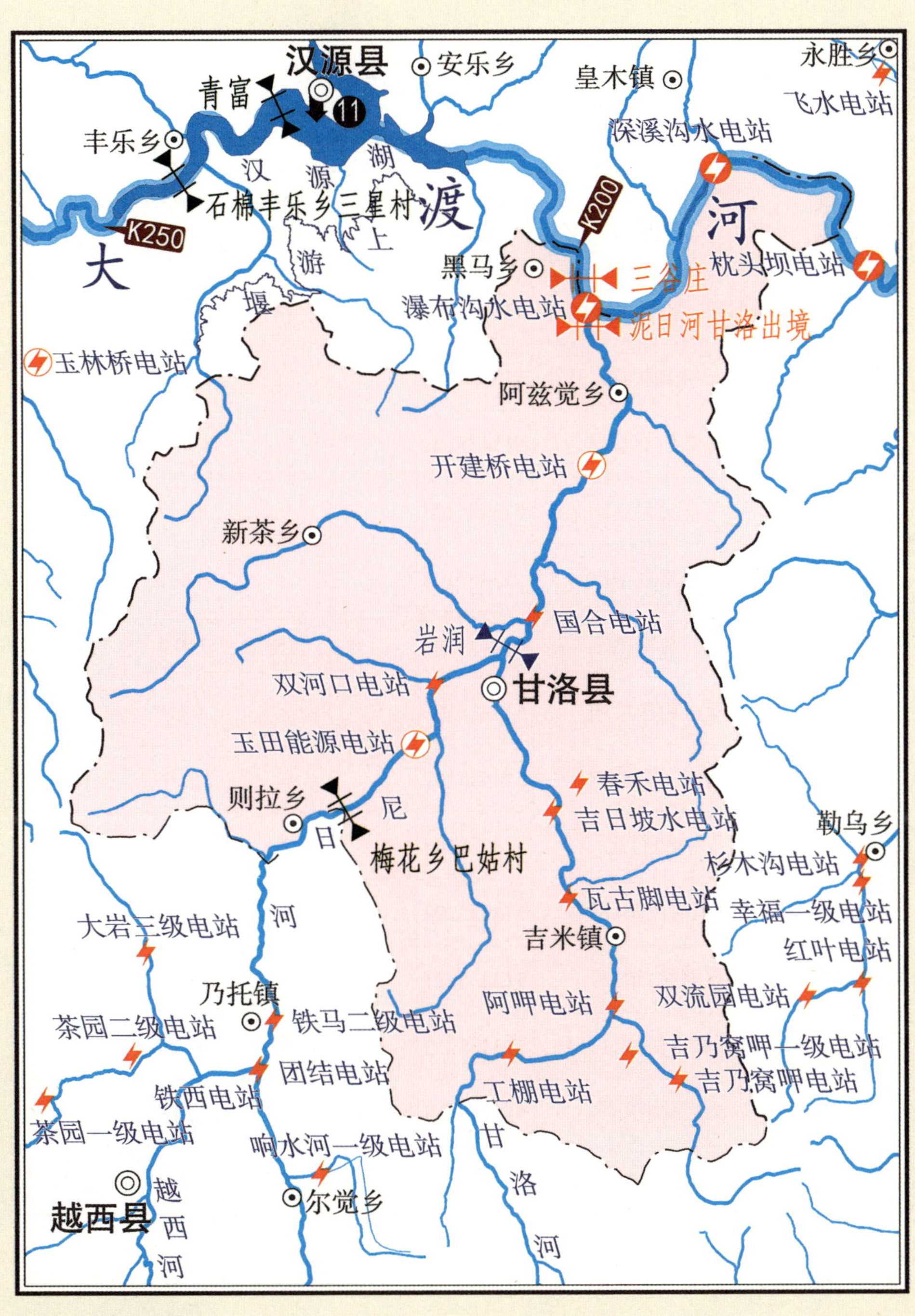

大渡河流域甘洛县

甘洛县（513435）

（人民政府驻地：新市坝镇　邮政编码：616850）

街道、镇、乡名称	驻地	行政区划代码	居委会（个）	村委会（个）	面积（平方千米）	户籍人口（万人）
新市坝镇	城西社区团结北街238号	513435100	5	18	233.48	5.51
田坝镇	新店村4组滨河路195号	513435101	1	21	143.31	3.39
海棠镇	海棠村4组1号	513435102		10	334.64	1.56
吉米镇	色达村色达组	513435103		9	362.89	1.66
斯觉镇	格布村洛什组84号	513435104		8	188.52	1.46
普昌镇	普昌村普昌组	513435105		18	119.7	4.41
玉田镇	永久村尔库组	513435106	1	8	93.8	1.19
苏雄镇	阿兹觉村阿兹觉组	513435107		6	216.08	0.85
乌史大桥镇	乌史村1组	513435108		7	188.41	0.87
新茶乡	响水村范家坪组	513435202		5	65.21	0.54
团结乡	双河村1组1号	513435211		6	83.74	0.79
嘎日乡	阿渣尔吉村2组111号	513435212		6	43.98	1.13
沙岱乡	舍底村3组5号	513435219		5	82.18	0.49
合计	9镇4乡		7	127	2155.94	23.85

雅安市

乐山市

越西县

美姑县

乌史大桥镇

苏雄镇

沙岱乡

新茶乡

田坝镇

海棠镇

团结乡

新市坝镇

甘洛县

玉田镇

普昌镇

嘎日乡

斯觉镇

吉米镇

俯瞰大渡河大峡谷尼日段

俯瞰尼日河

甘洛县城全景

甘洛县城全景

2015年甘洛县城全景

甘洛县城全景图

甘洛河畔县城

重要支流甘洛河、在甘洛县城汇入尼日河

甘洛河春禾段

甘洛河吉米段峡谷

索玛花开大渡河大峡谷

大渡河大峡谷风光甘洛段

俯瞰大渡河大峡谷

被称为“天梯村”的二坪村现状

以上照片由宋恩、哈土等拍摄

越西县（513434）

（人民政府驻地：越城镇　邮政编码：616650）

街道、镇、乡名称	驻地	行政区划代码	居委会（个）	村委会（个）	面积（平方千米）	户籍人口（万人）
越城镇	西城社区西苑路38号	513434100	3	12	135	6.19
中所镇	新大街社区新大街52号	513434101	1	12	10	1.27
新民镇	新民村政府巷8号	513434102		6	15	1.27
乃托镇	白石村阿寨街12号	513434103	1	6	71	1.01
普雄镇	瓦吉木社区瓦吉木街43号	513434104	2	12	47	2.29
大瑞镇	挖布村政府路1号	513434105		13	27	1.64
竹阿觉镇	布什觉村1组82号	513434106		7	70	1.02
书古镇	勒品村3组120号	513434107		9	62	1.06
依洛地坝镇	依洛村依洛街32号	513434108		8	67	1.18
南箐镇	白泥村3组57号	513434109		12	101	1.28
贡莫镇	贡莫村	513434110			68.40	2.12
梅花镇	打土村	513434111			143.00	1.18
尔觉镇	四窝普村	513434112			68.00	1.35
拉普镇	拉普村	513434113			117.00	1.66
马拖镇	马拖村	513434114			113.90	1.99
大花镇	瑞元村	513434115			120.00	0.93
板桥镇	板桥村	513434116			219.00	2.17
保安藏族乡	梨花村1组41号	513434211		3	35	0.52

雅安市
甘洛县
冕宁县
美姑县
喜德县
昭觉县
越西县
梅花乡
保安藏族乡
白果乡
板桥乡
乃托镇
瓦岩乡
新民镇
大屯乡
铁西乡
拉普乡
河东乡
西山乡
越城镇
大花乡
尔觉乡
四甘普乡
拉吉乡
丁山乡
中所镇
大瑞镇
拉白乡
德吉乡
南箐镇
马拖乡
五里箐乡
贡莫乡
普雄镇
书古镇
新乡乡
乐青地乡
依洛地坝镇
申果乡
竹阿觉镇
瓦曲觉乡
瓦普莫乡
尔赛乡
保石乡
申普乡

美丽保安

越西高山蔬菜基地

普雄河畔的特色农业园　提供/越西县融媒体中心

越西全景

越西河横贯县城

以上照片由王志辉、郑佳、越西县融媒体中心、孙建生、余寒等拍摄

越西小相岭

古桥水韵

静静的观音河

小山风光

以上照片由孙建生、余寒等拍摄

金口河区

大渡河以下转东偏南，入金口河区，右纳小河。曲折向东北至金河镇，左纳金口河；转向东南，为金口河区与峨边县之界河。

大渡河三维流域图——金口河区

永胜乡
飞水电站
大
深溪沟水电站
河
12
永乐电站
K150
渡
金口河区
枕头坝电站
大渡河宜坪
官
杨村电站
龙信电站
觉莫乡
料
鹅颈项电站
河
方家山电站
大堡电站Ⅰ

大渡河流域金口河区

金口河区（511113）

（人民政府驻地：永和镇　邮政编码：614700）

街道、镇、乡名称	驻地	行政区划代码	居委会（个）	村委会（个）	面积（平方千米）	户籍人口（万人）
永和镇	新民村3组166号	511113100	4	5	91.1	2.01
金河镇	金河社区金水街29号	511113101	1	7	175.45	1.10
和平彝族乡	椏溪村2组230号	511113200		5	40.52	0.72
共安彝族乡	象鼻村4组49号	511113201		4	168.19	0.56
永胜乡	民主村3组64号	511113203		4	122.34	0.47
合计	2镇3乡		5	25	597.60	4.86

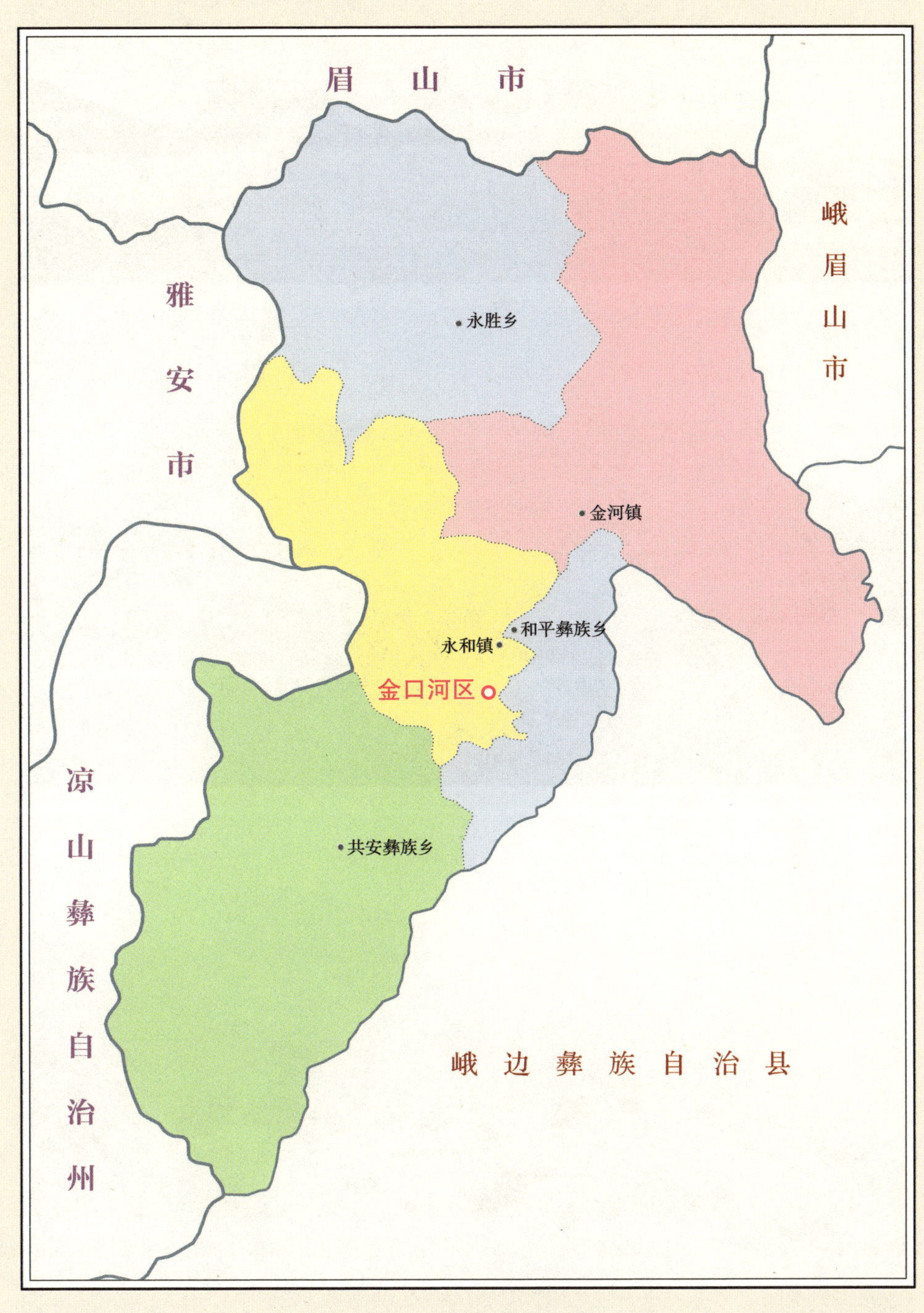
眉山市
峨眉山市
雅安市
永胜乡
金河镇
和平彝族乡
永和镇
金口河区
共安彝族乡
凉山彝族自治州
峨边彝族自治县

潮涌方舟

瓦山雪景

冬日大瓦山

峡谷风光

峡谷风光

四川大渡河峡谷

大峡谷第一村

峡谷雄姿

位于大峡谷胜利村的铁道兵博物馆

金口河城市夜景

山城新貌，摄于乐山市金口河区永和镇

峡谷雕塑

枕头坝电站

以上照片由张兵、辜顺刚等拍摄

峨边县

大渡河以下右纳官料河后，东入峨边县宜坪乡、沙坪镇，入龚嘴水库区，有沙坪水文站控制流域面积75016平方千米，多年平均流量1370米^3/秒，水位变幅11.7米。过站右纳白沙河，又东过峨边县城北，折东北流过新场乡，后左纳龙池河。

官料河。在大渡河右岸，河流长度92千米，流域面积1368平方千米，多年平均流量53.5米^3/秒。

白沙河。在大渡河右岸，河流长度42千米，流域面积312平方千米，多年平均流量9.78米^3/秒。

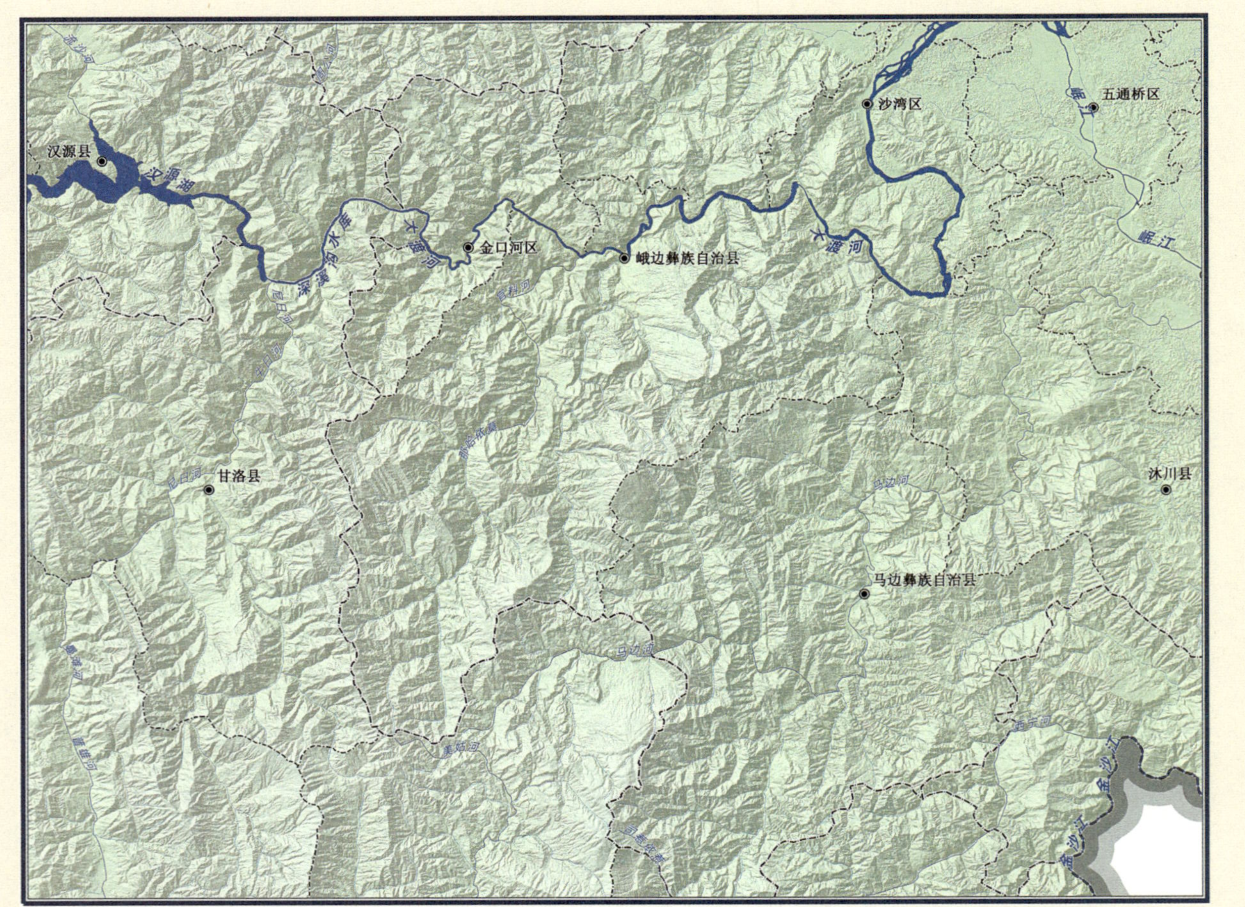

大渡河三维流域图——峨边县

沙湾区
沙湾
沙湾水电站
轸溪乡
永胜乡
飞水电站
皇木镇
大为镇
深溪沟水电站
大
渡
河
K100
龚嘴水电站
永乐电站
K150
枕头坝电站
金口河区
峨边彝族自治县
大渡河宜坪
沙坪电站
大渡河芝麻凼
杨村电站
龙信电站
觉莫乡
鹅颈项电站
方家山电站
大堡电站 I
金岩电站
金岩乡
依乌电站
西河电站
官
料
河
长
滩
河
万坪电站 I
巴溪电站
马
边
河
勒乌乡
杉木沟电站
幸福一级电站
马边彝族自治县
双流园电站
红叶电站
吉乃窝呷一级电站
吉乃窝呷电站

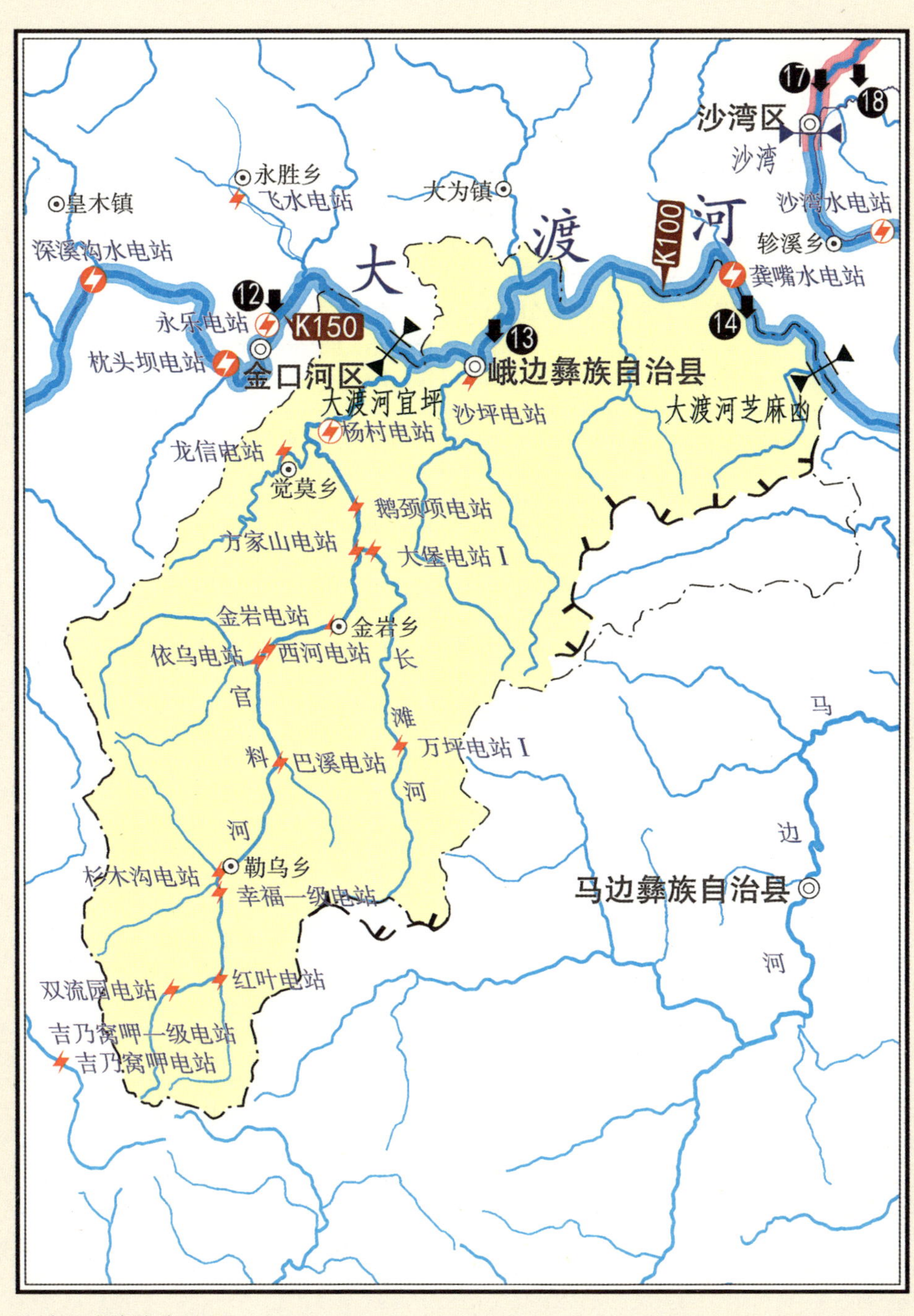

大渡河流域峨边县

峨边彝族自治县（511132）

（人民政府驻地：沙坪镇　邮政编码：614300）

街道、镇、乡名称	驻地	行政区划代码	居委会（个）	村委会（个）	面积（平方千米）	户籍人口（万人）
沙坪镇	景阳社区景阳路62号	511132100	4	15	122.44	4.34
大堡镇	大堡社区正街22号	511132101	1	7	323.17	1.47
毛坪镇	毛坪社区玉环街7号	511132102	1	7	77.51	1.13
五渡镇	五渡社区五渡街121号	511132103	1	8	167.36	0.99
新林镇	金星村苦竹坝街54号	511132104		11	300.56	1.87
黑竹沟镇	黑竹沟社区西河街63号	511132105	1	7	343.65	0.72
红旗镇	四坪村上街48号	511132106		5	164.85	0.80
宜坪乡	宜坪村正街7号	511132201		5	38.49	0.62
杨河乡	高湾村杨河街1号	511132206		4	113.12	0.42
新场乡	新凤村新场街1号	511132208		5	46.76	0.56
平等乡	观慈村平等街111号	511132209		4	193.94	0.53
金岩乡	俄罗村金岩街14号	511132211		8	75.31	0.83
勒乌乡	勒乌村勒乌街1号	511132212		5	414.50	0.57
合计	7镇6乡		8	91	2382.07	14.85

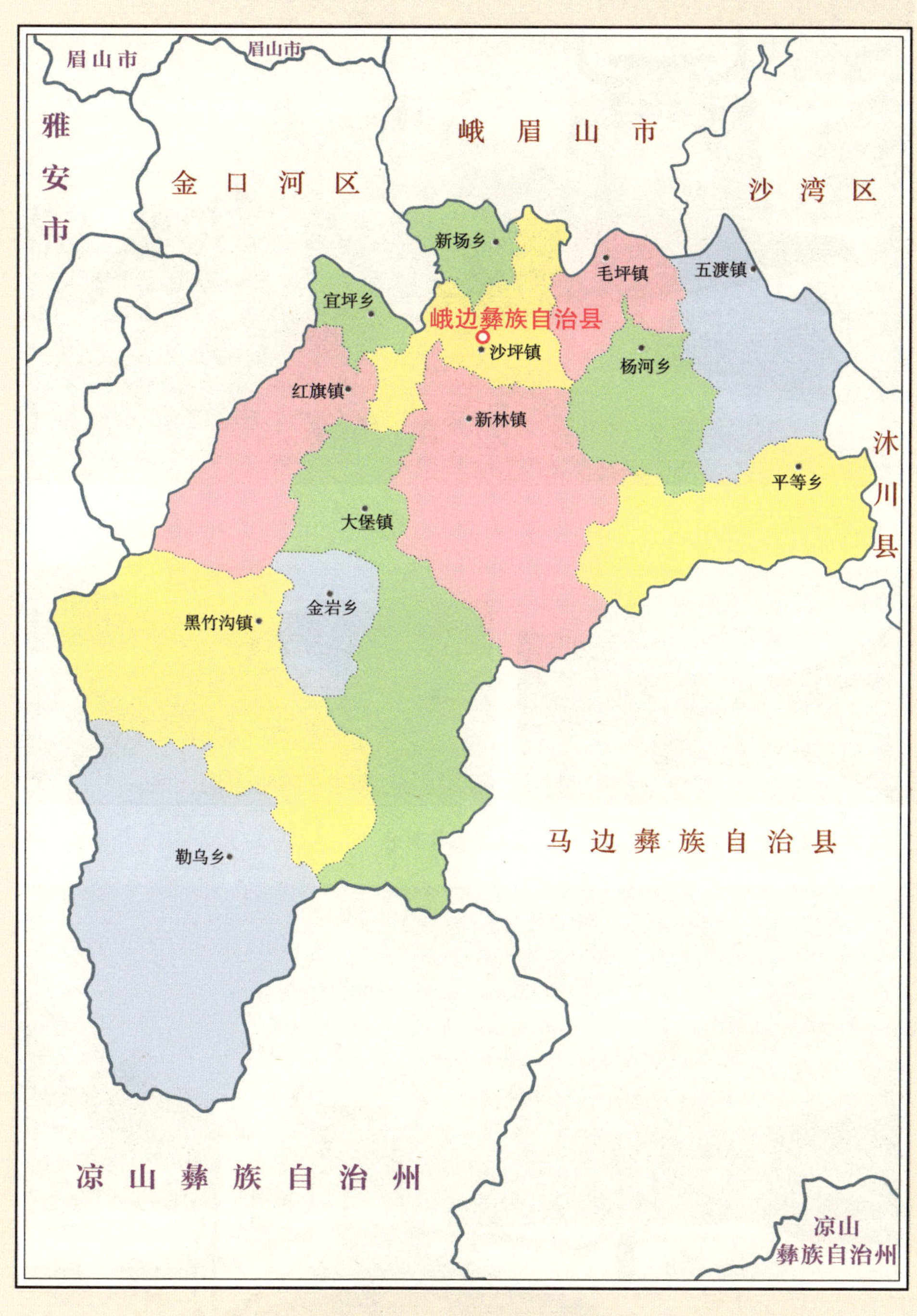
眉山市
眉山市
雅安市
金口河区
峨眉山市
沙湾区
新场乡
毛坪镇
五渡镇
宜坪乡
峨边彝族自治县
沙坪镇
杨河乡
红旗镇
新林镇
沐川县
平等乡
大堡镇
金岩乡
黑竹沟镇
马边彝族自治县
勒乌乡
凉山彝族自治州
凉山
彝族自治州

黑竹沟之晨

醉美黑竹沟

黑竹沟秋色

雪兆黑竹沟

雪山下的家园

云上新村

山村新模样

峨边新貌

先锋之旅

背风山公园

省道309线峨边麻子坝休息区

胡坝新貌

五渡镇先锋村

先锋村萌萌猪乐园

以上照片由刘谊、葛亚洪、王永春、黎学文、曾健、董开方、伍奎、何运兰、林峰等拍摄

峨眉山市、沙湾区、沐川县、市中区

大渡河又东过万璇村，为峨边县与峨眉山市之界河。过毛坪镇右纳杨河。又东过杨旋，过龚嘴电站大坝，折东南流过五渡镇，入铜街子电站库区，右纳足槽溪，为峨边县与沙湾区、沐川县之界河。于沙湾镇左纳范店沟，南有龚嘴水库重力坝址。再东南入铜街子水库区，过五渡镇、田村、张山，又为沙湾区与沐川县之界河。再东入沙湾区境，折北至福禄镇。中游段即止于此。

经铜街子大坝河道向北转西，又过沙湾电站大坝，经葫芦镇后，左纳轸溪沟，再北行经沙湾镇，此处设有沙湾水文站，控制流域面积76622平方千米，多年平均流量1988米^3/秒。转向东北，出山区而进入丘陵区，河道显著增宽。

在太平镇沙湾电站库区右分沫江堰（引水流量10~12米^3/秒，主干渠长19千米，有效灌面6.5万亩），于嘉农镇左分红猫堰（引水流量3.3~4.5米^3/秒，干渠长14千米，有效灌面1.7万亩），于安谷镇右分泊滩堰（引水流量17.8米^3/秒，干渠长27千米，有效灌面3.3万亩）。在水口镇左纳临江河，绿心街道左纳峨眉河；于草鞋渡左纳青衣江，东行至肖公嘴与岷江相汇。下游段即止于此。

临江河。发源于峨眉山前山的金顶—万佛顶一带，有两条主流，一是大沟，二是张沟。主要支流有发源于二峨山的柳溪河、中殿沟、沙溪河。临江河流经峨眉山市黄湾镇、高桥镇、罗目镇、九里镇的雷脚山、乐山市中区平兴镇、水口镇、苏稽镇。全长50千米，流域面积349平方千米，河口流量14.15立方千米。

峨眉河。古称“铁桥河”，又名符汶河，主要发源于峨眉山前缘的弓背山、神挂山、尖峰顶一带，在黄湾镇桅杆坪（麻子坝）合流。另一源头来自石笋峰、九老洞的黑白二水，经清音阁合流，至黄湾镇的两河口汇入峨眉河。途中主要支流河有川主河（袁沟河）、双福河、虹溪河、黑桥河；在流经峨眉山市的黄湾镇、绥山镇、胜利街道、符溪镇后，流入乐山市中区苏稽镇、绿心街道，最后在绿心街道罗李坝汇入大渡河。全长63千米，其中在峨眉山市内的河道长45.8千米，流域面积476平方千米，多年平均流量19.1立方千米。

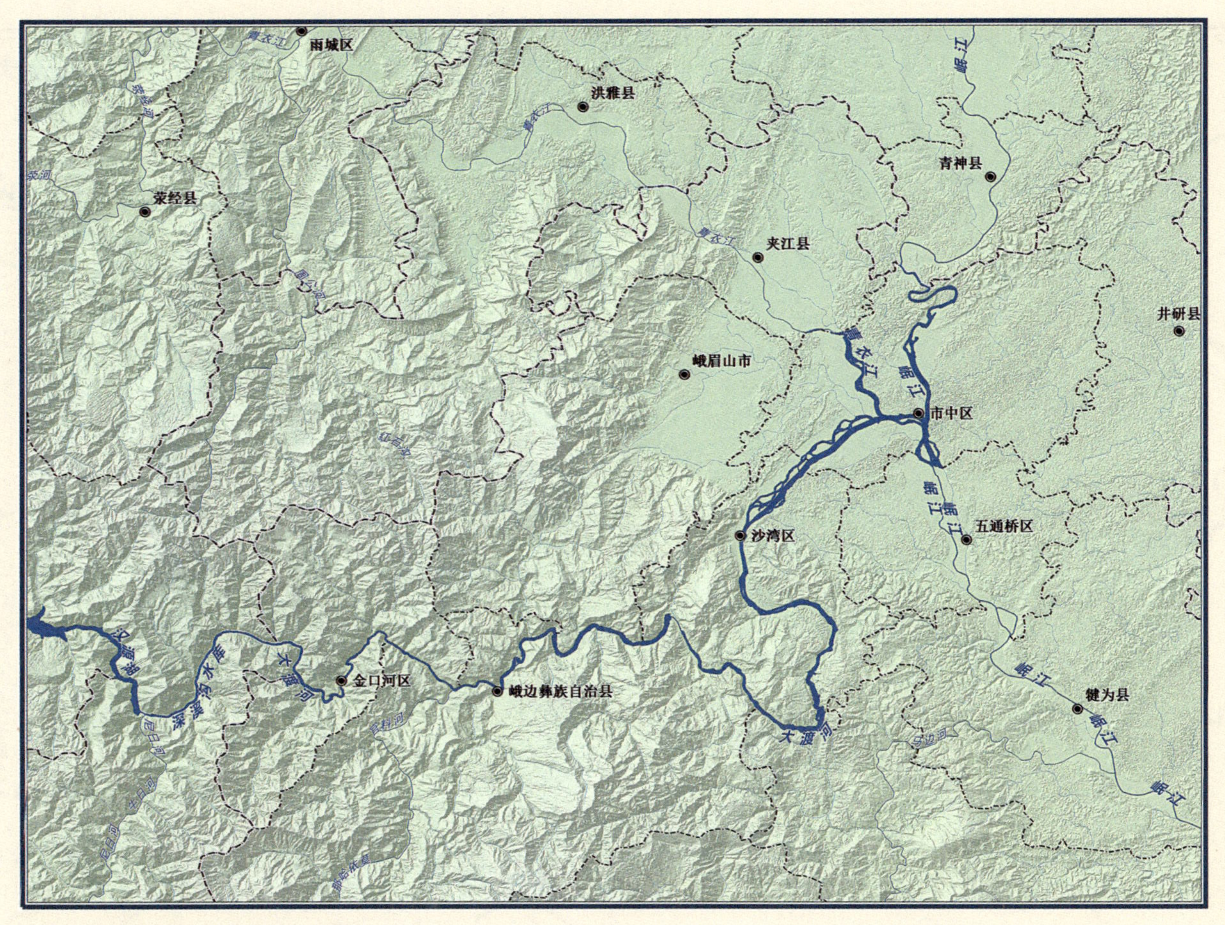

大渡河三维流域图——峨眉山市

青衣江
夹江县
花溪河
跃进渠干渠
观音岩水库
峨眉山市
峨眉河曾河坝
大渡河乐山市开发利用区
安谷电站
大渡河安谷电站大坝
20
19
18
17
沙湾区
沙湾
大为镇
沙湾水电站
轸溪乡
K50
大渡河
K100
龚嘴水电站
14
15
13
铜街子水电站
大渡河宜坪
峨边彝族自治县
大渡河芝麻凼
沙坪电站

大渡河流域峨眉山市

峨眉山市（511181）

（人民政府驻地：岗木达镇　邮政编码：624300）

街道、镇、乡名称	驻地	行政区划代码	居委会（个）	村委会（个）	面积（平方千米）	户籍人口（万人）
胜利街道	桑园社区胜利南街25号	511181001	6	5	22.08	10.70
峨山街道	马路桥社区保宁街28号	511181002	3	4	24.82	1.92
绥山镇	滨河路社区玉兰街52号	511181100	3	18	111.50	4.03
高桥镇	中兴社区宏严路344号	511181101	1	13	160.62	2.42
罗目镇	青龙社区火神庙街12号	511181102	1	9	38.72	2.39
九里镇	文昌社区车箭路46号	511181103	3	13	77.86	3.88
龙池镇	滨湖社区滨湖路20号	511181104	2	10	198.57	2.56
符溪镇	径山社区白水街6号	511181106	2	9	42.35	3.11
双福镇	四桥社区顺河街26号	511181108	1	18	95.7	4.51
桂花桥镇	明园社区燕岗路63号	511181109	2	8	41.84	3.79
大为镇	大兴街1号	511181110		8	118.38	1.26
黄湾镇	天景社区景区路三段353号	511181112	2	7	181.32	0.92
龙门乡	毛天村1组1号	511181200		6	67.33	1.25
合计	2街道10镇1乡		26	128	1181.09	42.74

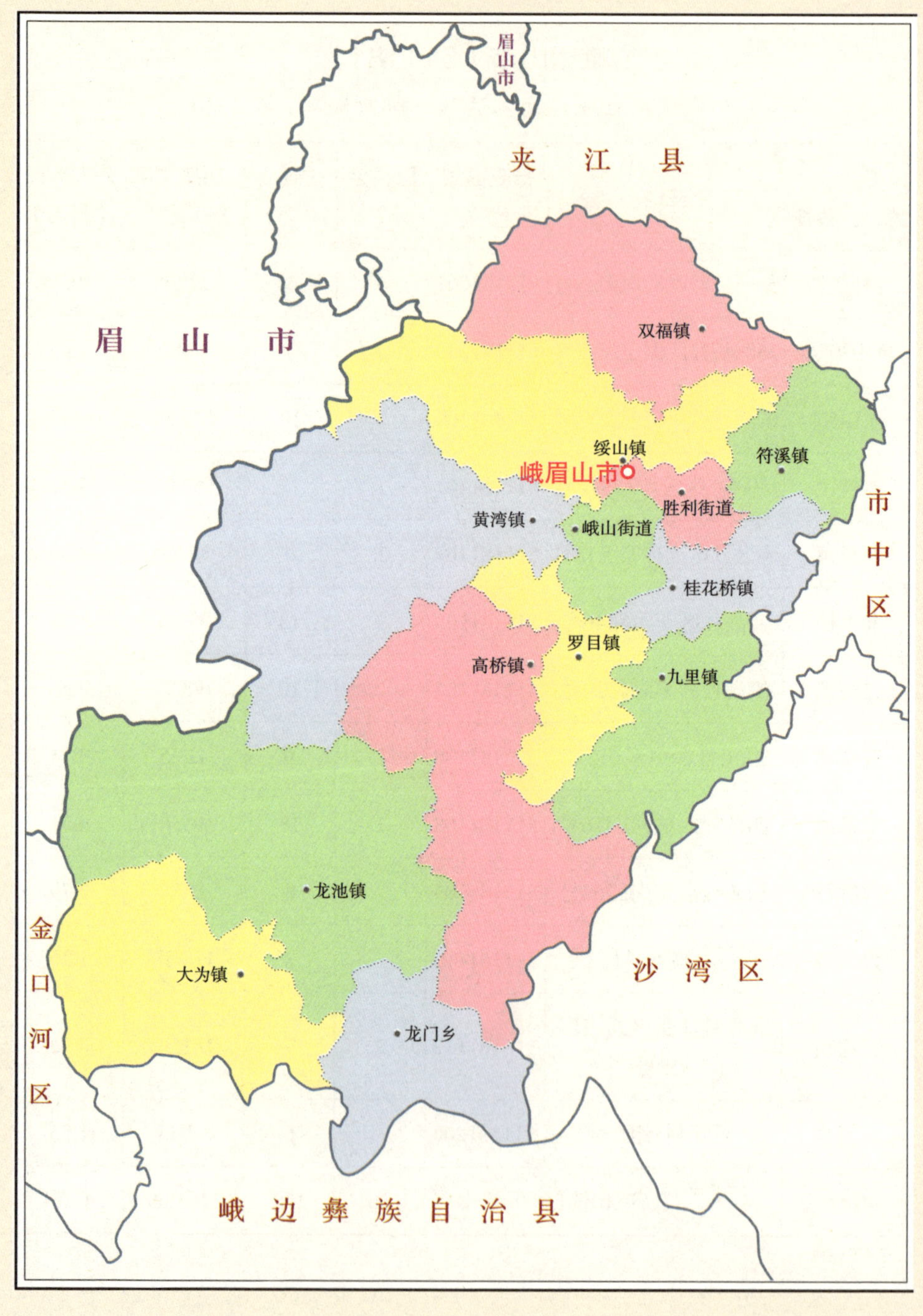
眉山市
夹江县
眉山市
双福镇
绥山镇
峨眉山市
符溪镇
胜利街道
黄湾镇
峨山街道
市中区
桂花桥镇
罗目镇
高桥镇
九里镇
龙池镇
金口河区
大为镇
沙湾区
龙门乡
峨边彝族自治县

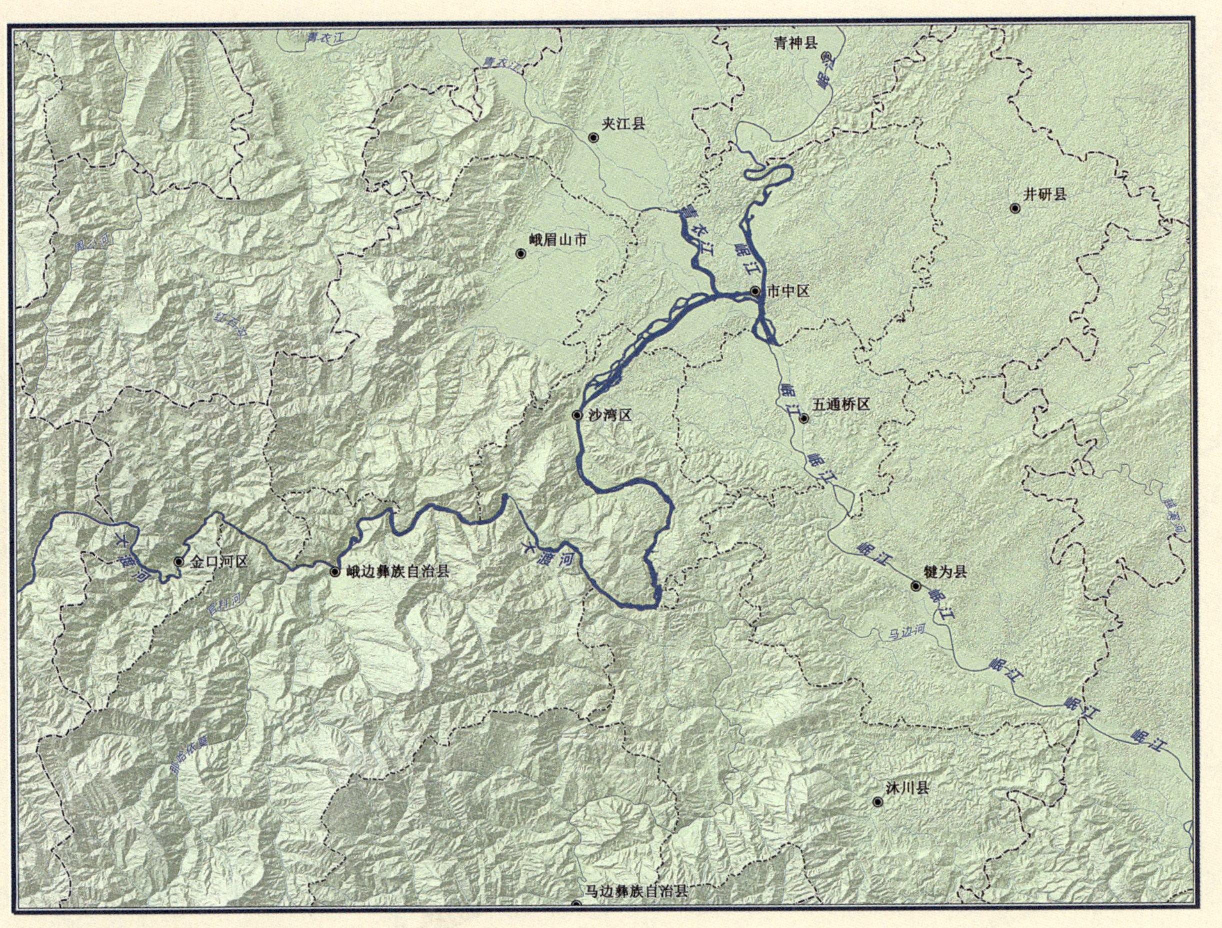

大渡河三维流域图——沙湾区

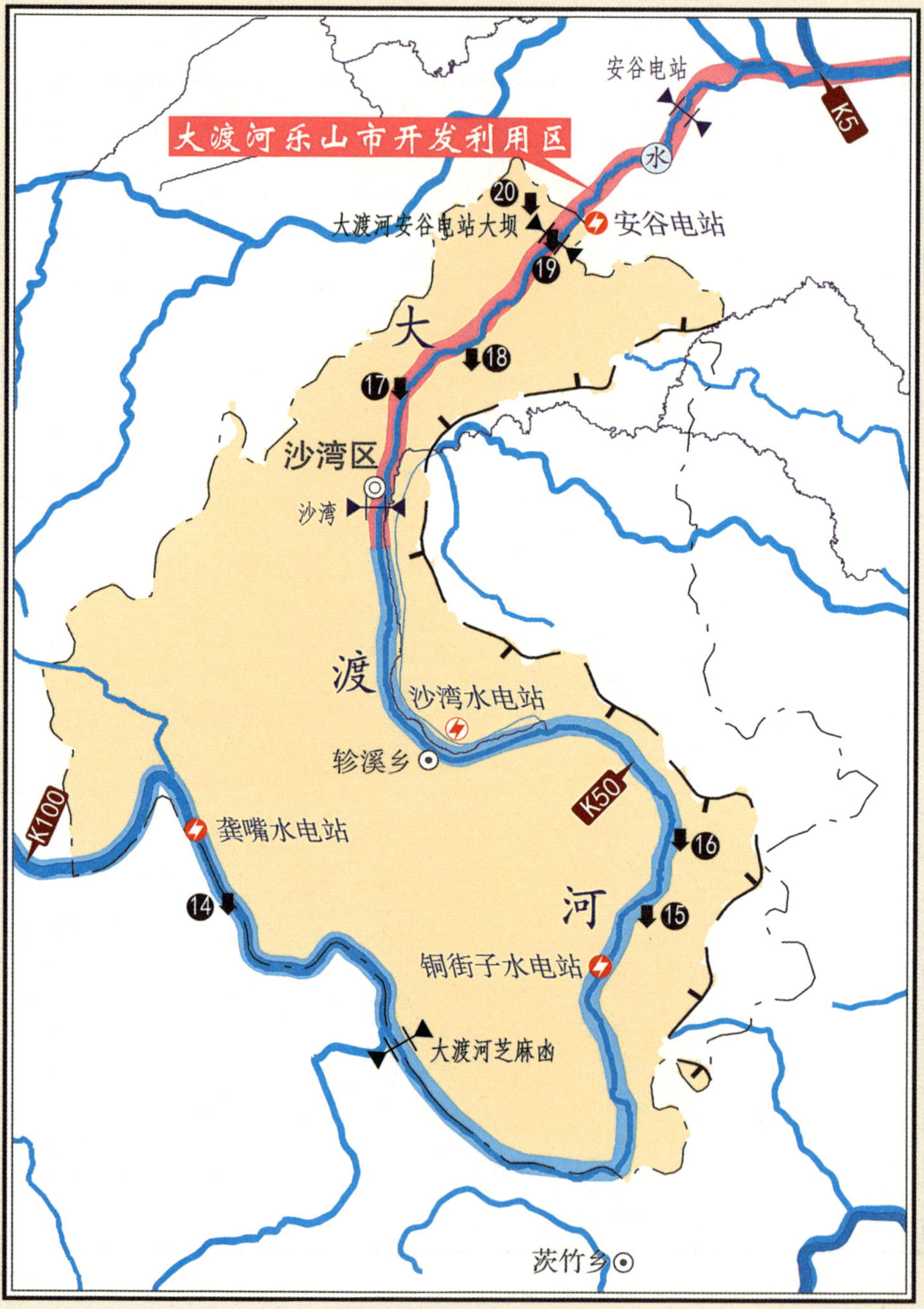

大渡河流域沙湾区

沙湾区（511111）

（人民政府驻地：铜河街道　邮政编码：614900）

街道、镇、乡名称	驻地	行政区划代码	居委会（个）	村委会（个）	面积（平方千米）	户籍人口（万人）
铜河街道	绥山社区沫若大道南段139号	511111002	4	1	11.53	3.01
沙湾镇	南陵社区茶溪路126号	511111100	2	9	113.06	1.27
嘉农镇	嘉农社区嘉兴路414号	511111101	1	7	44.42	2.56
太平镇	太平社区老街310号	511111102	3	13	89.08	3.07
福禄镇	福禄社区福兴街70号	511111103	2	14	99.30	2.43
牛石镇	牛石社区五九〇街85号	511111104	1	6	53.39	0.96
葫芦镇	葫芦社区龙泉街55号	511111106	1	5	46.53	1.08
踏水镇	踏水社区踏水街101号	511111107	2	12	78.96	2.14
轸溪镇	轸溪社区轸星路37号	511111108	2	7	69.30	0.99
合计	1街道8镇		18	74	605.57	17.51

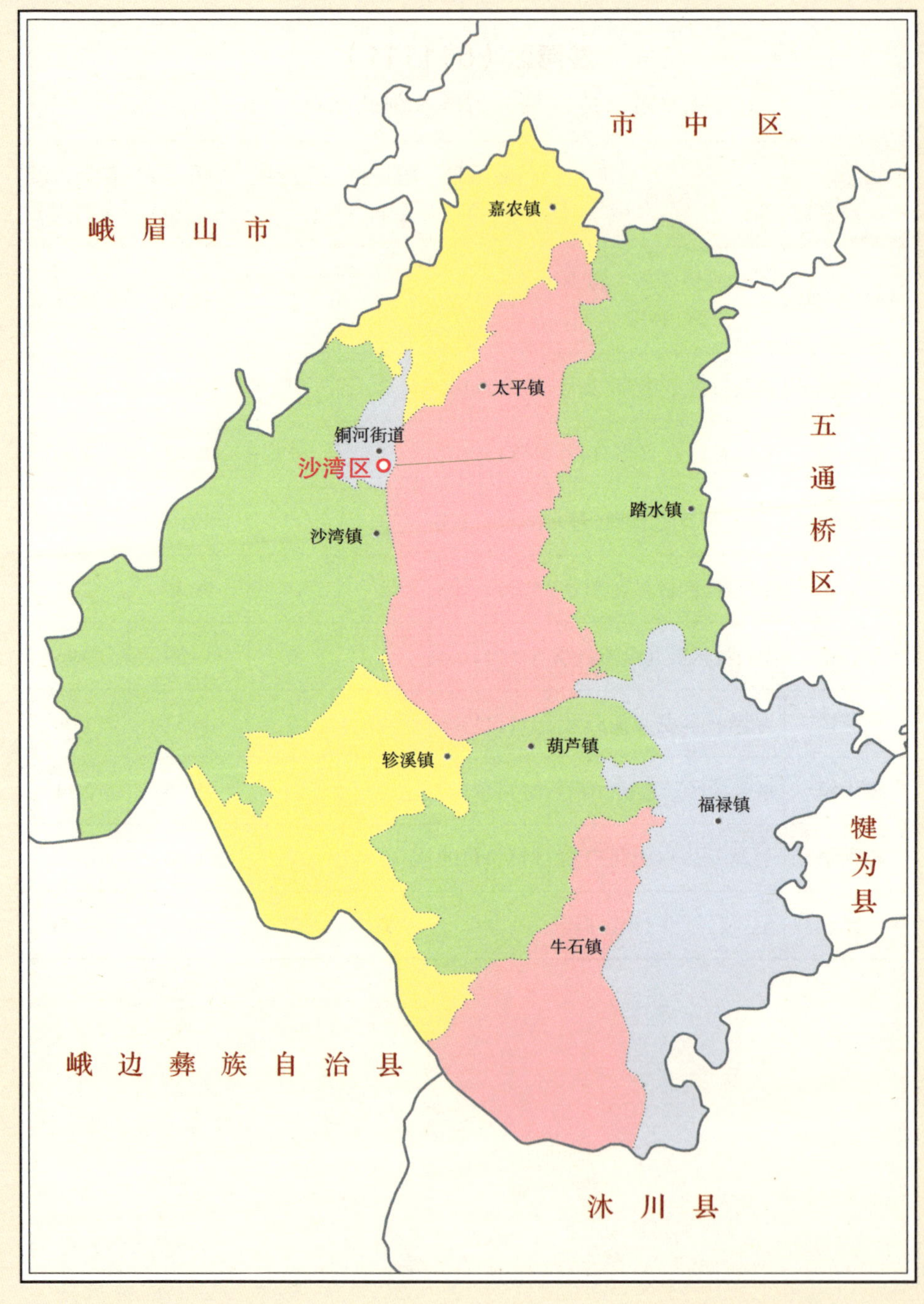
市中区
峨眉山市
嘉农镇
太平镇
铜河街道
沙湾区
沙湾镇
踏水镇
五通桥区
葫芦镇
轸溪镇
福禄镇
犍为县
牛石镇
峨边彝族自治县
沐川县

铜河睡佛最佳观景地。铜河睡佛是2020年全省文化和旅游资源普查期间由我区率先发现并上报的旅游资源。睡佛由4座自然山体组成，头部位于西北方向，脚部位于东南方向，总长度超过15千米，经四川省旅游学会实地考察，我区轸溪镇万坪村被授予“铜河睡佛最佳观景地”称号。

大渡河国家湿地公园

四峨梯田。四川最美七大梯田之一，相传为汉代军队屯田所在地。

四川第一瀑布天坑——硝斗岩。天坑2020年文化和旅游资源普查过程中的重大发现之一，是目前四川境内发现的最大瀑布天坑。

郭沫若故居。国家AAAA级旅游景区，全国重点文物保护单位，是郭沫若出生和少年成长的地方。

沫若戏剧小镇。2020年全省文旅大会考察点位，已创建为国家3A级旅游景区。现正作为2021年5月27日全省研学旅行大会考察点位，接受省市领导和来宾的参观考察。

大渡河库区风光。大渡河在沙湾境内118千米，依次建有4座梯级电站，水质清澈，水量充沛，高峡平湖景观壮观，两岸群山掩映秀美的峡谷，滨河的古镇山村，田园的乡村景象，展现出朴实而优雅的生机，令人向往。

乐山市沙湾区福禄镇，沙湾电站库区移民新镇，全新的集镇风貌，完善的配套设施，极大改善了移民群众的生产生活条件。

乐山市沙湾区福禄镇，沙湾电站库区移民新镇，全新的集镇风貌，完善的配套设施，极大改善了移民群众的生产生活条件。

以上照片由乐山市沙湾区融媒体中心等拍摄

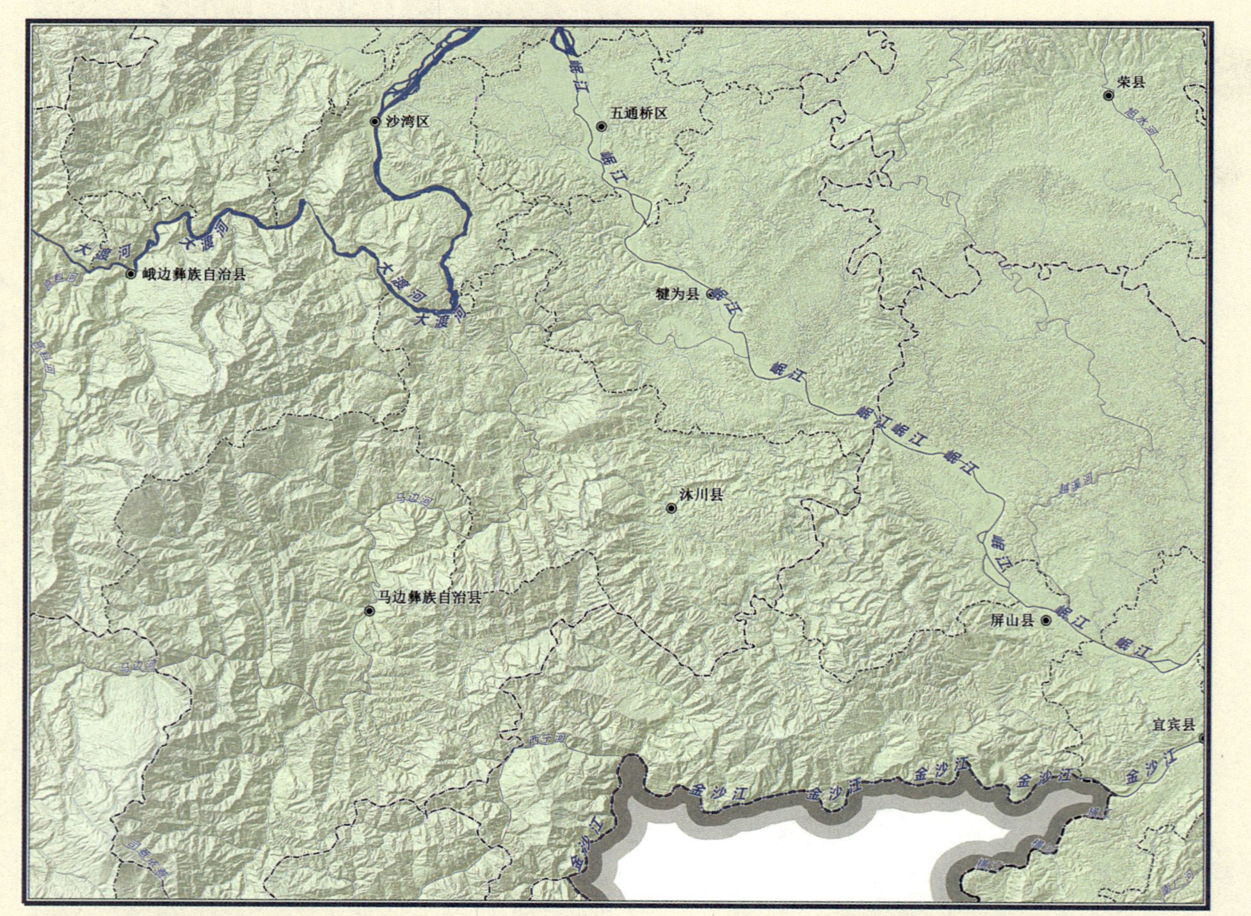

大渡河三维流域图——沐川县

大
沙湾水电站
渡
轸溪乡
K50
16
铜街子水电站
15
河
大渡河芝麻凼
茨竹乡
舟坝水库
岷
江
犍为县
沐川县
马
边
马边彝族自治县
河

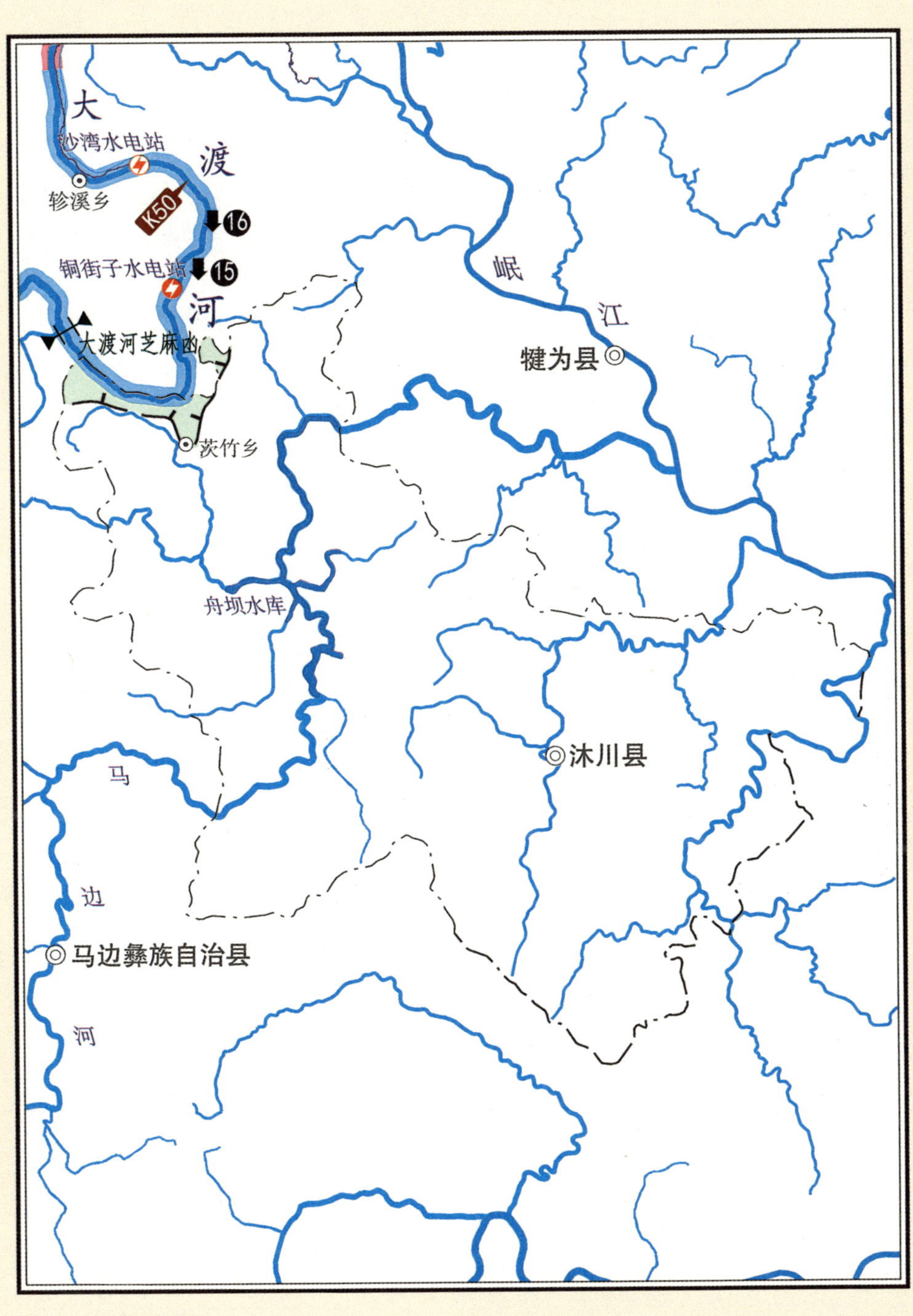

大渡河流域沐川县

沐川县（511129）

（人民政府驻地：沐溪镇　邮政编码：614500）

街道、镇、乡名称	驻地	行政区划代码	居委会（个）	村委会（个）	面积（平方千米）	户籍人口（万人）
沐溪镇	农场坝社区滨河南路198号	511129100	6	23	220.00	6.63
永福镇	田家坝社区永丰街223号	511129101	2	8	110.00	1.72
大楠镇	大楠坳社区正街106号	511129102	1	13	129.00	2.22
箭板镇	马湖社区桥北街28号	511129103	1	6	48.00	1.98
舟坝镇	花山湾社区民主街158号	511129104	1	9	86.00	1.60
黄丹镇	太和堂社区正新街太和堂巷1号	511129105	2	8	104.00	1.94
利店镇	利民坝社区文竹街42号	511129106	2	15	175.00	2.32
富新镇	钟灵场社区新凡街道114号	511129107	2	13	135.36	1.82
底堡乡	月呭台社区牌坊街36号	511129205	1	7	70.00	1.76
杨村乡	杨村坝社区杨村坝街52号	511129206	1	7	97.00	0.81
高笋乡	康乐社区老街33号	511129207	1	5	60.00	0.92
茨竹乡	朝天马社区太安街68号	511129208	1	7	80.00	0.87
武圣乡	仁礼社区武圣街17号	511129210	1	8	91.00	1.16
合计	8镇5乡		22	129	1405.36	25.75

自贡市
自贡市
五 通 桥 区
自贡市
沙 湾 区
峨边彝族自治县
犍 为 县
黄丹镇
茨竹乡
高笋乡
舟坝镇
杨村乡
属犍为县
富新镇
箭板镇
武圣乡
沐川县
沐溪镇
大楠镇
利店镇
底堡乡
永福镇
马边彝族自治县
宜 宾 市
云南省

生态五指山

穿云破雾送电来

黄丹晨雾

卡防坡晨辉

赵坝风光

凤凰涅槃、展翅腾飞

以上照片由罗安全、何玉敏、李加、王燕民、杨平、杨寿先等拍摄

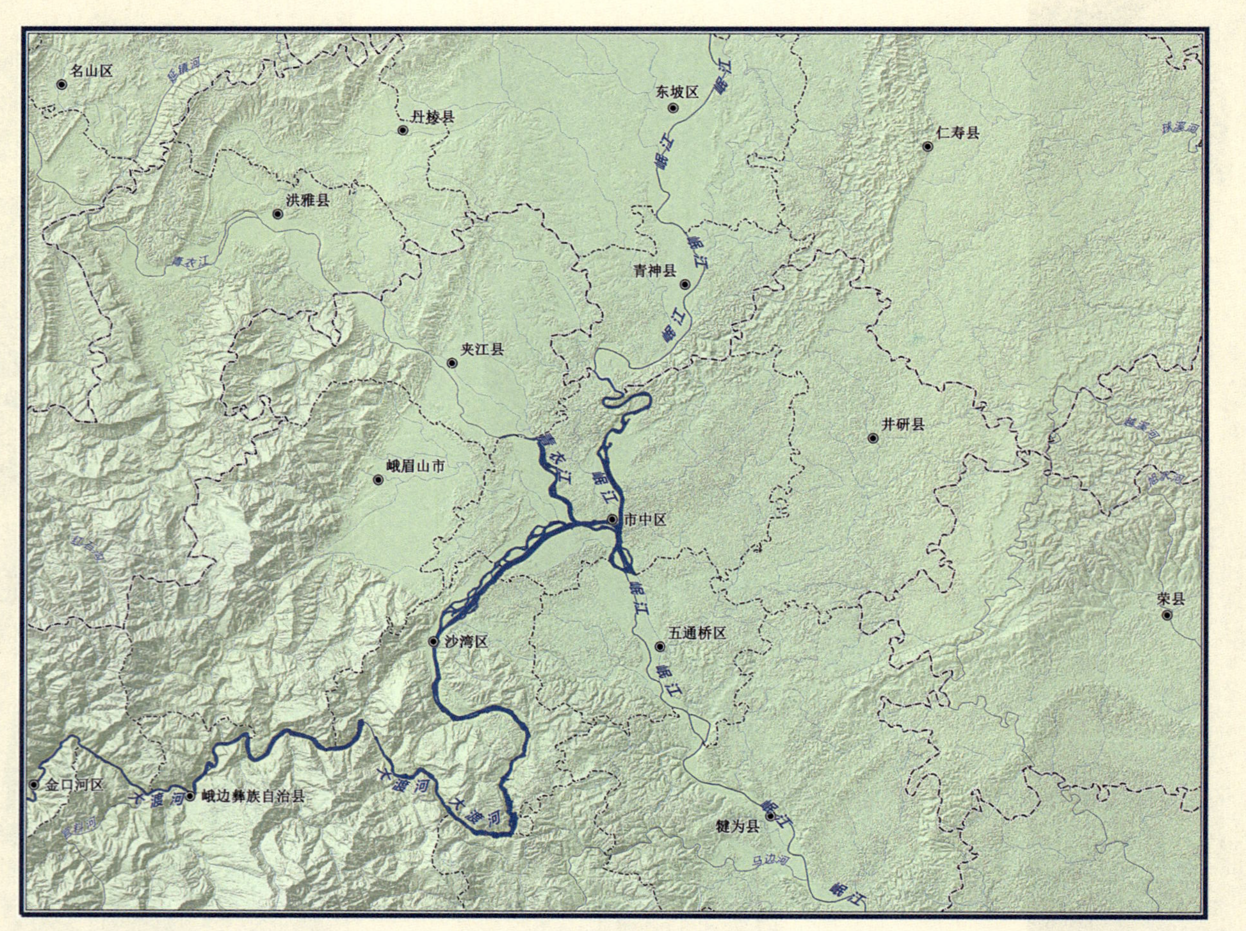

大渡河三维流域图——乐山市市中区

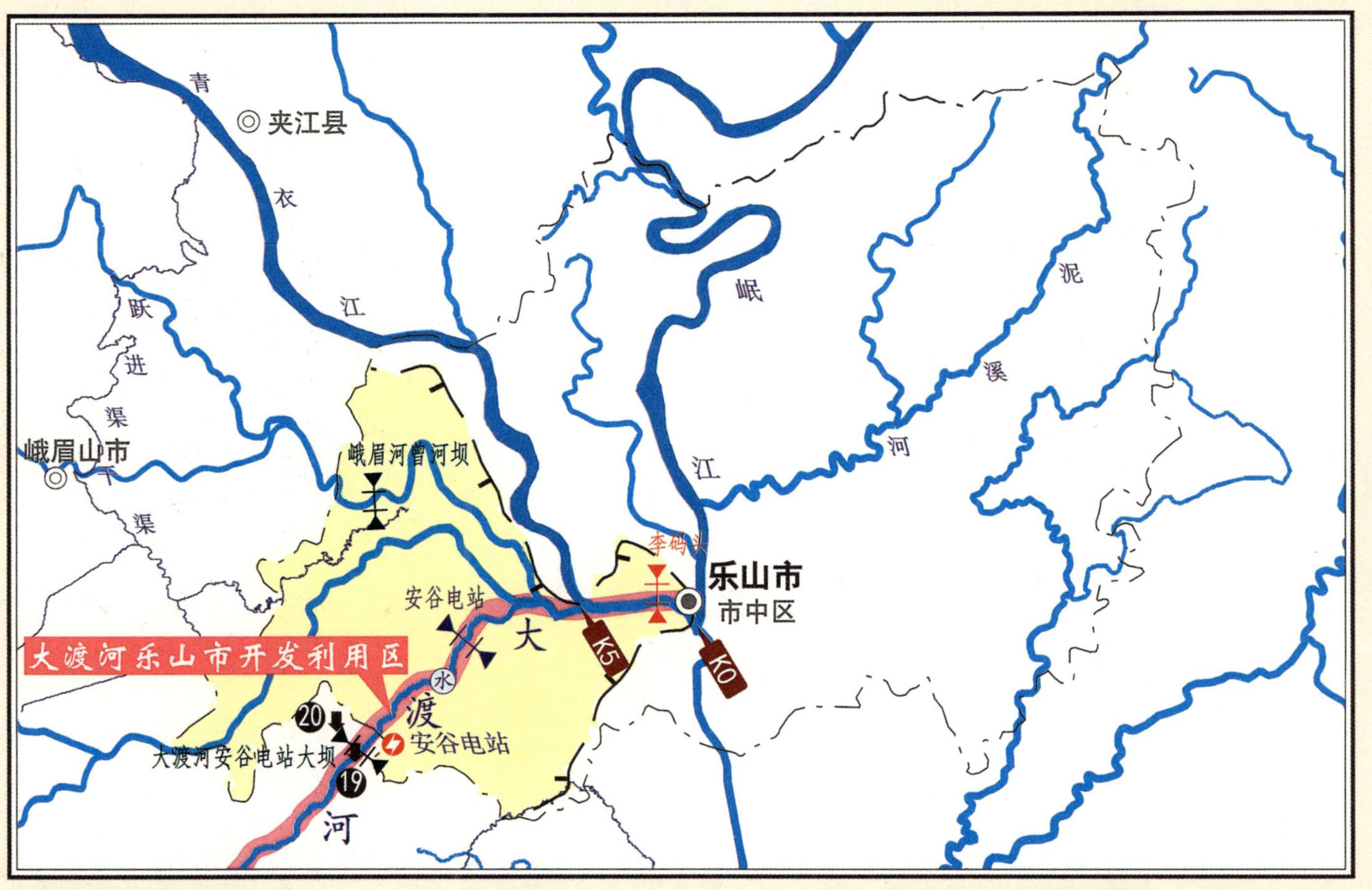

大渡河流域乐山市市中区

市中区（511102）

（人民政府驻地：海棠街道　邮政编码：614000）

街道、镇、乡名称	驻地	行政区划代码	居委会（个）	村委会（个）	面积（平方千米）	户籍人口（万人）
大佛街道	九峰路390号	511102004	5	12	73.03	3.9
通江街道	春华路南段700号	511102007	11	0	14.60	11.9
海棠街道	油榨街31号	511102008	17	0	6.00	12.1
绿心街道	肖坝路222号	511102009	9	2	26.40	4.5
全福街道	裕农街451号	511102010	3	7	52.21	1.9
牟子镇	龙马路939号	511102101	1	9	49.70	2.6
土主镇	中兴街299号	511102102	1	7	57.60	1.8
白马镇	祥源街36号	511102103	2	15	90.40	3.0
茅桥镇	东湖路58号	511102104	1	11	63.00	2.4
青平镇	铁蛇坳街89号	511102105	0	8	53.00	1.7
苏稽镇	新市街45号	511102106	2	21	67.00	5.8
水口镇	德裕路39号	511102107	1	8	35.00	2.5
棉竹镇	牡丹路507号	511102109	2	4	38.00	1.4
平兴镇	滑石街41号	511102116	0	8	46.00	1.7
悦来镇	悦来街181号	511102117	0	5	43.00	1.0
剑峰镇	白马埂街177号	511102118	0	7	51.00	1.2
安谷镇	千禧街1号	511191100	5	11	71.00	4.5
合计	5街道12镇		60	135	836.94	64.4

眉山市
夹江县
井研县
峨眉山市
沙湾区
五通桥区
犍为县
乐山市
市中区
悦来镇
剑峰镇
白马镇
土主镇
牟子镇
棉竹镇
全福街道
青平镇
通江街道
苏稽镇
海棠街道
绿心街道
平兴镇
水口镇
大佛街道
茅桥镇
安谷镇

尾 声

大渡河流域地形复杂，经川西北高原、横断山地东北部和四川盆地西缘山地。在绰斯甲河口以上上游上段属海拔3600米以上丘原，丘谷高差100~200米，河谷宽阔，支流多；至泸定为上游下段，河流穿行于大雪山与邛崃山之间，河谷束狭，河流下切，岭谷高差在500米以上，谷宽100米左右，河中巨石梗阻，险滩密布。中游泸定至石棉，蜿蜒于大雪山、小相岭与夹金山、二郎山、大相岭之间，地势险峻，谷宽200~300米，水面宽60~150米，河中水深流急。石棉以下的中下游段，河流急转东流，绕行于大相岭南缘，横切小相岭、大凉山北端及峨眉山后进入四川盆地西南部的平原丘陵地带，河谷渐阔，但汉源至峨边的局部河道狭窄，河宽约60~100米，谷坡陡峭，轸溪至龚嘴河长48千米，直线距仅8千米，形成一大河湾。河流两岸阶地分布广泛，并有较大面积的阶地。沙湾以下，河流进入乐山冲积平原。